检察官
新时代 新担当 新作为
优秀案(事)例选编

（第四辑）

孙军 ◎ 主编

中国法制出版社
CHINA LEGAL PUBLISHING HOUSE

序 Preface

为推进法治中国建设,全面贯彻党的二十大对新时代检察工作提出的更高要求,深化落实《中共中央关于加强新时代检察机关法律监督工作的意见》,对标上海市人民检察院(以下简称市检察院)党组提出的"争一流、走在前、排头兵"要求,上海市虹口区人民检察院(以下简称区检察院)持续打造"检察官担当"品牌,不断强化政治自觉、法治自觉、检察自觉,自觉用党的二十大精神统一思想和行动,突出抓好基层基础,强化建章立制,增强履职能力,提升监督质效,努力开创检察工作高质量发展新局面,展示检察机关新时代新担当新风采。

区检察院以"让人民群众在每一个司法案件中感受到公平正义"为目标,在全市检察机关率先出台《关于

激励检察官新时代新担当新作为的实施意见》,并研究制定《求办案极致工作指引》《铸监督品牌实施意见》,鼓励检察官坚持以办案为中心,以追求极致的精神办理优质案件,形成有特色、有影响力的虹口检察品牌,自2018年以来连续五年举办检察官新时代新担当新作为优秀案(事)例评选活动,讲述办案中的"进与退"、法律监督的"纠结"与"突破"、办案之外的延伸工作,挖掘了一批在办案履职过程中,勇挑重担、敢于发声、善于负重前行的典型人物。

案例是检察机关最好的名片,一个个优质案例是检察机关依法履职的缩影,是检察工作高质量发展的基石。为进一步加强对优秀案(事)例的总结和推广,区检察院对入围第五届检察官新时代新担当新作为优秀案例评审会的典型案(事)例进行修改完善,并结集成册。这些典型案(事)例聚焦公益诉讼、公共安全、知识产权、金融犯罪、老年人和未成年人保护等重点领域,同时也包含了推动特殊群体安全驾驶治理的李某某以危险方法危害公共安全案(入选上海市检察机关2022年度优秀社会治理检察建议),聚焦知识产权保护的林某甲等14人非法制造、销售非法制造的注册商标标识案（入选2022年上海知识产权保护十大典型案例）等具有社会影响力的典型案件，充分体现了全院检察官忠于职守、敢于碰硬、勇于负责、善于作为的担当精神。

优秀案（事）例的出版，既是对过去一年检察官在司法办案、检察改革及各项重点工作中取得突出成绩的肯定，也引导和激励着全院干警坚持忠诚履职，强化担当作为，铸造监督品牌，将"高质效办好每一个案件"作为基本价值追求，努力实现办案质量、效率与公平正义的有机统一。全院检察干警将恪守客观公正立场，为上海打造具有世界影响力的社会主义现代化国际大都市贡献检察力量，以实际行动把党的二十大精神落到实处。

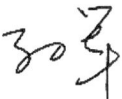

上海市虹口区人民检察院党组书记、检察长

2023年3月

目录 Contents

做优刑事检察

特殊群体安全驾驶检察治理模式研究 / 3
　　——李某某以危险方法危害公共安全案

循环转账、抹平账面型职务侵占行为认定及备案私募违规销售型非法吸收公众存款罪审查判断 / 15
　　——崔某职务侵占，某投资公司、崔某非法吸收公众存款案

新型受贿和洗钱犯罪的审查认定 / 28
　　——范某某、徐某、赵某受贿案，王某洗钱案

新型保健品诈骗案探析 / 40
　　——季某、亢某某等 14 人诈骗案

推进公益诉讼

上海市虹口区江湾镇街道旧改征收地块生态环境整治行政公益诉讼案 / 55

　　——公益检察助力清运"搬不走的垃圾山"

督促整治"消""械""妆"字号产品安全公益诉讼系列案 / 70

　　——推动国家批号产品安全专项治理

检察公益诉讼参与文明城区创建的实践探索 / 86

加强诉讼监督

洗钱罪与相关罪名的界分 / 101

　　——以方某某、颜某某洗钱案为例

突发疾病的暂予监外执行检察监督 / 117

　　——步某某暂予监外执行监督案

"网络+物流"模式贩卖新类型毒品案件剖析 / 130

　　——惠某、何某某贩卖毒品案,唐某某洗钱案

大数据赋能完善"下行案件"检察监督机制 / 144

优化营商环境

电商平台员工非国家工作人员受贿系列案 / 159
　　——治罪与治理并重，有效开展法律监督

检察机关知识产权综合司法保护路径研究 / 170
　　——林某甲等14人非法制造、销售非法制造的注册商标标识案

运用法律意见书与检察建议书破解基层治理难题路径分析 / 184
　　——以违法规模性租赁整治为例

探索特色工作

检察机关做好追赃挽损实证研究 / 199
　　——谢某某等27人诈骗案

车牌额度申领虚假诉讼系列案件的检察治理路径 / 210
——就虚假诉讼系列案件中存在车牌额度申领业务履职不到位的问题制发检察建议案

未成年人监护监督制度的实践探索 / 222
——基层检察机关未成年人司法保护事例

做优刑事检察

特殊群体安全驾驶检察治理模式研究

——李某某以危险方法危害公共安全案

◆ **关键词**

社会治理　法律监督　检察建议

◆ **要旨**

对在办案过程中发现的社会治理问题，检察机关应当立足新时代法律监督职能，在充分调查研究的基础上制发检察建议，提出切实可行的整改举措，督促相关单位堵漏建制，推动解决社会治理堵点难点。同时加强检察建议制发后的跟踪落实工作，通过联合开展专项行动等方式，联合相关部门形成整改合力，并积极争取各级人大、党委的支持，提升治理能级，实现检察建议的监督实效。

◆ 基本案情

2021年3月,李某某驾驶机动车下班途中,因癫痫发作导致重大交通事故,造成3死4伤的严重后果。经查,李某某明知自己患有癫痫病无法申领机动车驾驶证,仍向车管部门隐瞒癫痫病史,据此取得驾驶资质。李某某的案件并非个例,癫痫病人违规上路引发重大交通事故的案件时有发生,从获取的数据来看,上海市癫痫病患者有7万多人,其中9000多人持有机动车驾驶证。在这组数据下,隐藏的是"病驾"人群违规上路的巨大隐患,事关14亿人的生命和财产安全。

◆ 检察机关履职过程

检察官在分管领导带领下,在多次走访区卫健委、上海市公安局虹口分局(以下简称区公安分局)、街道等部门以及召开座谈会、充分调研后发现,特殊群体安全驾驶领域存在缺乏可执行的依据、部门间信息沟通不畅、申领环节有监管漏洞等问题。后续区检察院向区卫健委制发检察建议书,并提出相关建议:一是建立信息数据共享机制,实现职能部门之间的信息比对排查;二是增加医院诊疗、体检的提示环节,督促驾驶证申领人履行申告义务;三是推动不适宜驾驶机动车的疾病分级目录的细化,并设置重新申领驾驶证需具备的诊断要求和标准,赋予患者重新申领驾驶证的权利。区卫健委已书面回复并全部采纳上述建议。

同时,区检察院联合交管部门、卫健委、辖区医院开展针对癫痫病患者违规申领驾驶证问题的专项治理行动,制定了告知程序、提示发布、信息排查、驾驶证注销、释法说理、重新申领、宣传引导七项行动流程,专项治理工作已经取得了阶段性成果。

◆ **典型意义**

全社会对酒驾、毒驾的危害有了普遍认识,但对于患有癫痫等疾病的患者违规领证上路的问题还未形成共识,而"病驾"人群每一次行车上路,都极有可能引发重大交通事故,对人民群众的生命和财产安全都是巨大的隐患。为贯彻落实党的二十大报告提出的完善公共安全体系,推动公共安全治理模式向事前预防转型的要求,

区检察院立足检察机关法律监督职能,以"案件化"的流程规范检察建议办理的全过程。

一是前期摸排,聚焦问题。经深入分析案件原因,发现症结主要集中在三个方面:首先,问题发现难。在驾驶证申领的体检环节,针对视力、听力、四肢能力等项目会进行实质性的基础检查,而是否患有癫痫等精神类疾病仅由驾驶员自行申告。癫痫等精神类疾病往往具有隐蔽性、偶发性和突发性,未发病时即使通过医学检查也难以查明,体检环节流于形式,监管部门难以发现问题。其次,信息共享难。在对持证人的审核中,由于医疗信息和驾驶证管理分属不同部门,而医疗信息属于个人隐私需严格保密,交管部门也难以获取持证人就诊信息进行审核监管。最后,法规执行难。根据《机动车驾驶证申领和使用规定》等规定,患有癫痫等八类妨碍安全驾驶的疾病是不得申领驾驶证的,但是该八类疾病在医学上细分种类较多,轻症重症差异明显,让病人一律注销驾驶证可能会引发较大的矛盾。

二是实地走访,深入调研。在院领导的带领下,多次走访区卫健委、区公安分局、街道等部门并召开座谈会，查阅文献资料，梳理法律法规，借鉴国内外先进经验，形成翔实的调研报告。在分管检察长的主持下，举办了法律监督理念现代化视角（治罪与治理并重）的75号咖啡·法律沙龙，沙龙上大家讨论了"病驾"问题的治理路径和对策建议。首先，对于《机动车驾驶证申领和使用规定》第十五条第一款第一项规定的妨碍安全驾驶的八种疾病，建议交管部门会同卫生部门共同研究制定配套细则，明确八种疾病的诊断标准和不宜领取机动车驾驶证的疾病诊断依据，为后续强制注销驾驶证等行政行为合法性提供评判标准，并且相关标准应当根据技术条件和社会发展定期调整，如智能汽车发展后对驾驶员准入的身体健康要求应适度放宽。其次，《机动车驾驶证申领和使用规定》对申领人是否患有不宜领取驾驶证疾病应从自行申报修改为医疗机构检查，交管部门会同卫生部门共同研究制定配套的检查指引。再次，《机动车驾驶证申领和使用规定》应完善关于疾病治愈后恢复驾驶证资格的规定，配套程序应简化便民；同时，可将隐瞒病情申领驾驶证的行为纳入征信，提高违法成本。最后，应当加强对公众的宣传，在体检中心和专科门诊处

以张贴海报或发放宣传册的形式加强督促提醒，发布警示教育案例，让公众认识到"病驾"的严重危害及可能承担的刑事责任和民事赔偿责任；加强对医疗机构和医师的宣传，加强医师对相关疾病患者的提示义务，也可以借鉴强制医师报告制度，从源头上加强对"病驾"人员的管理。

三是宣告送达，加强落实。在充分调研和实践探索取得初步成效的基础上，根据《中华人民共和国人民检察院组织法》《人民检察院检察建议工作规定》等相关法律规定，向区卫健委制发检察建议书，并以公开宣告的方式送达，加大检察建议的落实力度，强化法律监督的效果。

检察建议制发后，区检察院始终与区卫健委等主管部门保持密切联系，及时掌握检察建议执行情况并细化完善工作举措。同时做好经验总结和请示报告，着力拓展治理工作覆盖面。

一是组织开展针对癫痫病患者违规申领驾驶证问题的专项治理行动：研究制定了"主动发现、发布提示、强制注销、释法说理"四步走的策略。设定了告知程序、提示发布、信息排查、驾驶证注销、释法说理、重新申领、宣传引导七项行动流程。具体开展在门诊与体检机构处发放宣传手册、张贴海报，指派专人获取与摸排"病驾"人员信息并做好信息安全保密，向"病驾"人群进行提示发布，依法办理注销手续并做好释法说理等工作，已在虹口区排查出221名患有癫痫病的驾驶证持有人，其中46人正在办理驾驶证注销手续，7人已被强制注销驾驶证。在区检察院与市检察院共同推动下，区检察院探索的自书申报、海报宣传等工作举措已在全市车管所铺开。

二是组织开展"病驾治理"专项工作研讨。针对检察建议落实过程中产生的新情况、新问题，诸如实时信息共享机制存在的当事人个人隐私与社会公共利益冲突问题，强制注销环节存在的行政复议或行政诉讼的证据采信和法律适用问题等，区检察院积极走访法学教授、法院行政庭法官，组织召开相关研讨会，理论联系实际，研究解决专项工作中的实际问题。

三是探索建立长效机制并提升工作能级。区检察院积极总结工作成效，加强宣传汇报。相关工作已被纳入市检察院推进完善特殊人员健康信息共享机制专项工作，在市级层面推动解决卫生健康管理部门与驾驶证申领部门信息共享不通畅的问题。区人大和区委政法委对"病驾"治理工作高度肯定，相关工作情况获《今日政法动态》和市委办公厅《信息快报》录用，已得到市委重视，相关工作举措及配套机制转化为市人大提案，推动修改完善相关法律法规，着力扩大治理举措的覆盖面。

◆ 相关规定

《中华人民共和国民法典》第一千二百二十六条

《中华人民共和国医师法》第二十三条

《中华人民共和国基本医疗卫生与健康促进法》第三十三条

《中华人民共和国道路交通安全法》第十九条

《机动车驾驶证申领和使用规定》第十五条、第六十七条、第七十三条、第七十九条、第九十九条

◆ 办案札记

"病驾"治理作为一个涉及人民群众生命、健康、财

产安全的城市公共安全问题，特别对于上海市这样一座高人口密度的特大型城市，极具现实性与紧迫性。"病驾"不是一个新问题，但至今没有形成一套成熟有效的治理体系，其背后有法律、医学、数据共享等方面的难点。

以癫痫为例，从医学角度来看，临床通过脑电图检查诊断癫痫病症，但有些患者癫痫发作的表征只有面部抽搐，对安全驾驶的影响较小，还有部分未发病患者，存在脑电图也无法检测确诊的可能性。另外，在医学上，也难以通过服药史对癫痫病人的种类进行准确判断。检察官走访卫健委、医院等，了解到体检中心根据交管部门要求确定体检流程和收费标准，并由交管部门系统记录。如果要求在体检环节对八类不得申请机动车驾驶证的疾病进行实质检查，确实存在众多难点，例如：没有明确的工作指引或办法支持；现有交管部门向体检中心提供的录入系统不支持实质检查的填报；驾驶证申领体检的收费标准难以支撑开展实质检查的成本；驾驶证申领人对体检环节本身的重视程度不足，大部分抱有走过场或投机的心理。

从事前预防的角度来看，"病驾"的检查和筛查存在

立法先天不足、医学标准不清、实质体检缺位等问题。从事后处置的角度来看,根据《机动车驾驶证申领和使用规定》对"病驾"人员驾驶证注销的行政行为存在缺乏上位法依据、复议和诉讼风险大、资格恢复难度大、当事人抵触情绪大等问题。

从信息共享的角度来看,根据《中华人民共和国医师法》等相关法律规定,患者隐私和个人信息依法受到保护,但如果卫生监管部门和交通管理部门对"病驾"人员的患病信息无法实现共享,将导致驾驶证申领审核及"病驾"人员驾驶证注销工作难以开展,面临个人隐私与公共安全的价值平衡问题。

面对这些困难,作为检察官,深知案件的办理不是终点,深挖案件成因才是取得案件效果的最佳路径。

针对发现难,从源头抓起,在诊疗过程中,检察官在专病门诊发放告知书,张贴宣传海报,形成杜绝"病驾"的共识。在体检过程中,要求申领者自行抄录语句并签名,通过阅看加读写的"双保险",避免"一勾了之"。除了上述举措,检察官还推动各部门之间建立数据接口,保证体检机构能实时查询、实时比对,从源头防治"带病领证"。

针对审核难,制定了"主动发现、发布提示、强制注销、释法说理"四步走的策略。第一步,检察官将驾驶员数据和癫痫病人的数据撞库筛查,比对出本区患有癫痫病的驾驶证持有人;第二步,发送短信,提示"病驾"人员主动前往公安机关注销驾驶证;第三步,通过电话通知、上门走访的方式再次劝导,在充分说理和劝导无效后,强制注销;第四步,持续跟踪注销情况,并依据相关规定,对"病驾"人群做好释法说理工作。

针对认定难,检察官通过研究会商,向卫健委提出了两项建议:一是明确妨害安全驾驶的疾病目录;二是设置可重新申领驾驶证的标准,建议由上海市三甲以上医院出具健康证明,最大限度保障患者的权益。

卫健委已书面回复,采纳了检察官的全部建议,并依托检察官牵头的"病驾"治理协作机制,在短短不到两个月的时间内,已在本区排查出200多名患有癫痫病的驾驶证持有人,其中46人正在办理驾驶证注销手续。

安全是发展的基础,稳定是强盛的前提。党的二十

大报告明确提出要完善公共安全体系,推动公共安全治理模式向事前预防转型,而道路交通安全正是公共安全治理的重要一环。检察机关积极推进"病驾"治理工作,是落实《中共中央关于加强新时代检察机关法律监督工作的意见》的重要举措。

作为检察官,不能局限于机械办案,而应当面对新时代人民群众的新要求、新期待,立足法律监督职能,将检察履职自觉融入国家治理和社会治理,堵漏建制,推动解决社会治理的堵点难点,才能真正提升人民群众的获得感、幸福感和安全感。

承办检察官:黄春笑
案例撰写人:黄春笑

循环转账、抹平账面型职务侵占行为认定及备案私募违规销售型非法吸收公众存款罪审查判断

——崔某职务侵占，某投资公司、崔某非法吸收公众存款案

◆ **关键词**

职务侵占　循环转账　非法吸收公众存款　备案私募基金　变相承诺

◆ **要旨**

通过关联账户之间的流转将账面抹平的行为，应当认定为职务侵占；以回购条款为由变相承诺保本付息销售备案私募基金的，应当认定构成非法吸收公众存款罪。

◆ **基本案情**

一、职务侵占罪

2012年10月至2019年5月，被告人崔某在担任被

告单位某投资公司执行董事期间，利用职务便利，挪用该公司钱款转账至其控制的及其妻子邹某某（另案处理）的个人账户，后通过循环转账等方式，将账面抹平。经审计，其实际侵占该公司钱款共计人民币 900 余万元（以下币种均为人民币）。

2015 年 9 月至 2016 年 7 月，崔某利用职务便利，虚构服务费名义，将某投资公司的 1000 余万元转入某企业管理服务中心账户，后占为己有。

2015 年 2 月至 2018 年 12 月，崔某利用职务便利，虚构报销款、工资等名义，从某投资公司账户转账给谭某某、高某某、费某、邹某某等与其关系密切人员的个人账户。其中，谭某某账户获得 200 余万元；高某某账户获得 14 万余元、费某账户获得 11 万余元、邹某某账户获得 20 万余元。

综上，崔某利用职务便利，共计侵占某投资公司 2200 余万元。

二、非法吸收公众存款罪

2014 年 11 月至 2016 年 6 月，某投资公司及崔某等人在销售某投资公司上市股权 1 期、2 期、3 期私募基金期间，违反金融管理法律规定，未对投资人进行风险评估，还向投资人许诺以年化利率8%回购，变相吸收公众存款共计7200余万元，未兑付金额为6800余万元。

◆ 检察机关履职过程

本案由区公安分局侦查终结，以崔某涉嫌非法吸收公众存款罪、职务侵占罪，某投资公司涉嫌非法吸收公众存款罪，分别于2019年10月17日、2020年6月8日向区检察院移送起诉。2019年11月29日区检察院报送市检察院第二分院审查起诉。市检察院第二分院经审查，于2019年12月31日将本案交办至区检察院。经审查，区检察院于2020年2月1日、6月13日两次延长审查起诉期限，于2020年2月14日、4月13日两次退回补充侦查。区公安分局补充侦查终结，于2020年5月12日移送审查起诉。

2020年6月24日，区检察院对该案提起公诉。经审理，上海市虹口区人民法院（以下简称区法院）于2021年7月29日作出判决：某投资公司犯非法吸收公众存款罪，判处罚金40万元；崔某犯非法吸收公众存款罪，判

处有期徒刑六年,并处罚金人民币30万元,犯职务侵占罪,判处有期徒刑九年,并处没收财产人民币100万元,决定执行有期徒刑十四年,并处罚金人民币30万元,没收财产人民币100万元。判决后,崔某上诉,上海市第二中级人民法院(以下简称二中院)维持原判。

◆ 典型意义

一、准确界定股东利益分配纠纷及股东职务侵占的关系,合理认定犯罪金额

在办理案件过程中,崔某先以其为控股股东为由,提供借款协议、股东会决议等书证,表示所有转账至其个人账户的钱款均系股东正常的借款及分红等。由于本案的案发系小股东举报大股东职务侵占,因此承办人第一要务是判断该案是否存在由股东纠纷引起的恶意举报的情形,即是否存在无罪情形。对此,承办人通过审慎审查,发现存在疑问如下:一是借款协议均系其个人控制企业之间形成的;二是其提供的股东会决议仅有其及其妻子签名,另外两方股东均未签名;三是多份股东会决议内容雷同,落款日期却不相同。于是,承办人引导公安机关进行补充侦查，查明所谓全体股东召开的股东会未曾召开，所谓借款、分红等内容均未经股东会讨论，除崔某及其妻子以外的股东均不知情，因此最终认定崔某不存在合理占有相关钱款的理由。之后，崔某又辩解称，其将公司钱款从公司账户汇入个人账户，实为避免因诉讼被法院冻结而作出的无奈之举，且在案发前已将所有款项还入公司账户，并为了证明其说法提供了个人委托的审计报告等材料。为了查明事实真相，达到不枉不纵的目的，承办人要求公安机关调取崔某及其妻子的所有关联账户，并要求审计部门就银行流水中发现的短期内高频转账且相同金额的记录进行统计分析，最终发现崔某采用通过关联账户之间的循环转账将账面抹平的方式，从某投资公司共计转走资金900余万元的事实。而崔某提供的审计报告仅采用崔某个人及公司账户之间的转账予以计算，未体现转账链条的全貌，不符合事实，不应当予以采信。最终，上述900余万元被认定为崔某职务侵占数额的一部分，且所有指控事实均被法院采纳。

二、准确破除备案私募基金的表面合法性，认定某投资公司及崔某构成非法吸收公众存款罪

该案中某投资公司发行的股权1期、2期、3期私募基金，均属于备案的私募基金。崔某到案后就辩解其所经营的私募基金经过依法备案，合法合规。但经承办人与有关部门核实，私募基金的备案仅为形式审查，因此其仍存在违法可能性。在案件侦查过程中，部分投资人称业务员介绍涉案私募基金时以8%年化收益率作为卖点，因此公安机关认为崔某涉嫌非法吸收公众存款罪。对此，崔某辩称，上述基金合同中确实有未上市以年化利率8%回购的条款，但该条款系基金管理人与项目对方的约定，而非与投资人的约定，因此不存在保本付息的承诺问题。针对其辩解，承办人要求公安机关对业务员、全部投资人进行针对性询问，最终明确业务员在向投资人推销时均援引该条进行实际为保本付息的承诺，同时确定该条款系崔某在拟定涉案私募基金格式合同时特意增加的，且其对业务员以该条款作为宣传卖点是明知且放任的，所以其设置该条款的目的显而易见。因此，从证据层面来看，崔某的辩解无法得到印证，该行为已

符合非法吸收公众存款罪中利诱性及违法性的构成要件。另外，崔某还辩称其经营的私募基金的所有投资人均系合格投资人，即不存在针对不特定人吸收公众存款的行为。为此，承办人要求公安机关针对某投资公司是否对所有投资人进行风险评估，是否对外进行宣传等内容进行补充侦查，后发现涉案基金的投资人均未作风险评估，且既有客户系电话咨询后投资，又有客户系通过推荐会投资，显然存在对不特定人推销私募基金的情形，同时，上述情况也符合非法吸收公众存款罪中的社会性及公开性的构成要件。综上，承办人认为，现有证据足以认定崔某及某投资公司构成非法吸收公众存款罪，且因崔某以单位名义实施犯罪，利益归属于单位，因此认定为单位犯罪。

三、判决执行环节积极履职，促成第三方代偿某投资公司全部未兑付金额 6800 余万元

2022 年 9 月，第三方某证券公司联系承办人，表示某投资公司被冻结的证券账户内有其公司民事权益，希望尽快予以解封。经承办人核实，并与法院确认，查封的证券账户中除某投资公司自有份额外，确有其他投资人的权益,如按照常规执行流程,应先由法院委托进行审计,确认冻结账户中某投资公司的份额,然后进行抛售,最后再按比例进行分配。但该方案存在以下问题:一是流程耗时过长,因为冻结的证券账户中的基金存在多层嵌套的关系,需通过证监局等部门才能厘清投资关系,委托审计部门进行审计,预计时间在半年至一年;二是股价波动较大,因为某投资公司名下的私募基金大部分购买了某百货公司的股票,抛售时间的选择极有可能影响某证券公司等第三方的权益实现,尤其是在股票走势不佳的情况下,更可能导致损失的进一步扩大。于是承办人积极与某证券公司协调沟通,并初步拟订提供担保金、第三方代偿、放弃部分民事权益等多种方案,同时协调法院刑庭、商事庭会商讨论具体方案的可行性,最终某证券公司同意采用第三方代偿方式,由第三方公司与某投资公司签订代偿协议,代为支付兑付金6800余万元至法院指定账户以供执行。后在承办人的监督下,公安机关解封相关账户。综上,承办人的协调,既促成了刑事案件中投资人的兑付,也避免了第三方遭受更多损失,较好体现了法律效果与社会效果的统一。

◆ 相关规定

《中华人民共和国刑法》第三十一条、第六十九条、第一百七十六条、第二百七十一条

《中华人民共和国刑事诉讼法》第一百七十六条

◆ 办案札记

首先，案子起因是小股东举报大股东职务侵占数千万元，而随着卷宗一起收到的是嫌疑人家属寄来的无数封控告信，内容都在强调本案系股东纠纷；其次，涉案公司是一家私募基金公司，经营二十多个私募基金，管理总资产高达数十亿元，涉案基金也都经过备案。当然案情再复杂难辨，办案的原则肯定是有问题就要去解决。在审查过程中，要解决三个问题。

第一个问题，本案是职务侵占还是股东纠纷？在审查案件过程中，承办人就发现了崔某随意制作股东会决议、借款协议的情况，并通过引导公安机关侦查，基本排除了崔某所谓借款、分红、逃避法院冻结的辩解。如果崔某确有职务侵占的行为，具体数额如何计算呢？在

与审计沟通的过程中,承办人发现崔某及其妻子的账户与某投资公司、关联公司间存在大量循环转账,这显然不正常,于是承办人要求对所有循环转账的情形进行统计和梳理,同时为谨慎起见,调取关联账户最全、期限最长的银行流水明细,最终比对所有24小时内相同金额的循环转账,经过无数次修正,先后形成5份审计稿,最终认定崔某采用循环转账、抹平账面的方式职务侵占的金额为900余万元,加上其以其他方式侵占的钱款,共计认定其侵占公司2000余万元。

第二个问题,本案是合法私募还是非法吸收公众存款?私募基金是针对合格投资人的一种理财产品,国家采用的是备案制监管,而非实质性审查。崔某经营的某投资公司销售的私募基金都经过备案,看上去合法合规。但刑法看的是实质,审案看的是证据。承办人发现,涉案的三个股权私募基金合同中有条款约定目标公司无法上市则以年化利率8%回购,而这个条款是崔某在格式合同中自行加上的,且有高管提出过异议。于是,承办人要求公安机关进一步对业务员及投资人进行询问,主要就该部分内容作针对性的补充侦查。不出所料,投资人都反映某投资公司在宣传时以该条款为依据许诺保本付息,并未说明该条款系基金管理人与目标公司之间的约定,而且某投资公司没有按照法律法规对投资人进行风险评估,上述说法也得到了业务员的印证。最终承办人认为,崔某及某投资公司的行为属于针对不特定人公开销售承诺保本付息的私募基金的行为,符合非法吸收公众存款罪的四个构成要件:公开性、违法性、社会性、利诱性。当然,由于某投资公司还有其他合法经营的私募基金,不是以涉案业务为主营业务,因此最终承办人追加认定涉案公司构成单位犯罪,崔某作为负责人同样应承担刑事责任。

该案诉至法院后,经过审理,法院支持了起诉书指控的全部犯罪事实,以涉案公司犯非法吸收公众存款罪判处罚金40万元,以崔某犯非法吸收公众存款罪、职务侵占罪,数罪并罚,决定执行有期徒刑十四年,并处罚金30万元,没收财产100万元。二审判决已经生效,但案子办完,事情却还没结束。

第三个问题,是等审计后执行还是允许第三方代偿?2022年9月,第三方某证券公司联系承办人,表示涉案公司被冻结的证券账户内有其价值6亿余元的民事权益，希望能予以解封。经过核实，冻结账户中除涉案公司自有份额外，确有他人权益，而由于基金嵌套较为复杂，按法院正常执行流程，应先进行审计确认份额，然后抛售股票，最后进行分配。但该流程耗时长，且股价波动大，可能影响第三方权益实现。如审计时间可能需半年至一年，股价如果持续跌破警戒线，可能导致第三方血本无归，当然相关投资人的资金也是一样处于不确定的风险之中。于是，承办人与法院、第三方积极沟通、协调，先拟订多种方案，然后再讨论方案的可行性，最终某证券公司同意采用代偿协议方案，代某投资公司将未兑付的6800余万元打至法院指定账户。同时，承办人监督公安机关解封了涉案证券账户。这一方案，既解决了涉案私募基金投资人的兑付问题，也解决了第三方的损失及时挽回问题，各方均表示检察机关较为圆满地为其解忧纾困了。

之后，证监局又联系承办人表示某投资公司其他基金正在清算，希望检察机关能继续配合提供相关证据材料，帮助协调公安、法院等机关，且希望在发现涉刑案线索时提供法律支持，对此，承办人表示将一如既往、尽心尽力地做好后续法律监督、协调工作。因为除了办案本身，法律监督也好，保障民众权益也好，都是检察官担当的应有之义。

承办检察官：施丹
案例撰写人：施丹

新型受贿和洗钱犯罪的审查认定
——范某某、徐某、赵某受贿案，王某洗钱案

◆ **关键词**

受贿　洗钱　金融放贷领域　监检配合　准确定性

◆ **要旨**

在打击金融放贷领域违法犯罪过程中，检察机关与监察机关要加强协作配合，发现不符合监管要求的P2P平台违规上线的，要深挖背后的职务犯罪，并通过案件的查处清除"利益链"和"关系网"。对于新型、隐蔽型受贿，既利用自己的职务便利，又利用他人的职务便利收取好处的，要夯实证据基础，准确认定案件性质。要积极追踪受贿赃款去向，严格落实同步审查和一案双查，在打击洗钱犯罪、追赃挽损方面形成监检合力，做好职务犯罪检察"后半篇"文章。

◆ **基本案情**

2017年至2018年，被告人范某某在担任某信息安全测评认证中心副主任期间，利用其负责的金融领域信息系统安全等级保护测评（以下简称等保测评）业务等职务便利，伙同下属徐某、某信息技术公司赵某，通过其实际控制的空壳公司向P2P网贷企业推销整改一条龙服务，承诺在期限内高分通过三级等保测评并取得网安部门审核回执，进而以签订整改服务合同等方式，收取网贷企业高额"整改服务费"。其间，被告人范某某要求下属向P2P网贷企业违规提供内部安全管理制度文档模板，并要求金融测评部工作人员放松测评标准，加快测评速度，以确保签约P2P网贷企业高分通过等保测评。随后，被告人范某某又通过请托某市公安局网安总队原副总队长沈某某，利用其职务便利，帮助签约P2P网贷企业在规定期限内通过网安部门信息系统安全审核，取得回执。

经审计，被告人范某某在上述时间内，利用职务便利共帮助64家签约P2P网贷企业通过测评并取得回执，以"整改服务费"形式变相收受贿赂,共计人民币2200余万元。

被告人王某明知范某某受贿,为掩饰、隐瞒钱款的来源和性质,以虚构业务、虚开服务费发票等方式,帮助范某某将上述贿赂款转出后套现,并交由范某某支配。

◆ **检察机关履职过程**

被告人范某某、徐某、赵某涉嫌受贿罪,被告人王某涉嫌洗钱罪一案,由上海市监察委员会分别于2020年11月12日、2021年3月26日指定上海市虹口区监察委员会(以下简称区监察委)管辖。区监察委分别于2020年11月17日、2021年3月29日对有关问题线索进行初核,并于2021年4月2日对范某某、徐某、赵某、王某四人政务立案调查。经上海市监察委员会批准,于2021年4月14日对赵某采取留置措施,于2021年4月15日对范某某、徐某、王某采取留置措施。2021年10月13日,区监察委以被告人范某某、赵某、徐某涉嫌受贿罪,王某涉嫌洗钱罪移送区检察院审查起诉。审查起诉过程中,区检察院自行开展补充侦查，对涉案笔记本电脑内相关邮件等进行了提取，并于 2021 年 11 月 26 日向区法院提起公诉。2022 年 1 月 14 日、2 月 22 日，区法院分别以被告人范某某犯受贿罪，判处有期徒刑十一年六个月，并处罚金人民币 300 万元；以被告人王某犯洗钱罪，判处有期徒刑三年，缓刑三年，并处罚金人民币 100 万元。徐某、赵某、沈某某等人，也均因犯受贿罪，被分别判处三年至十年有期徒刑。上述判决均已生效。

◆ **典型意义**

本案中，范某某为从国家管制 P2P 网贷企业的政策中获利，通过徐某、赵某招揽业务，以其实际控制的空壳公司和 P2P 网贷公司签订合同，并以提供整改服务为名收取高额服务费，犯罪手段极具隐蔽性。为切实打击新型、隐蔽型受贿犯罪，监检切实加大协作配合力度，合力查处、清除利益链、关系网，为严厉打击金融放贷领域违法犯罪提供了范本。

一、链条式深挖线索，严厉打击金融放贷领域职务犯罪关系网

2018年后，P2P平台"爆雷"案件频发、多发，为维护人民群众财产安全，监察机关将办案重点聚焦在了金融放贷审核领域。2020年，监察机关发现金融领域信息系统安全等保测评行业的犯罪线索，并将范某某作为突破目标。调查过程中，监察机关商请检察机关提前介入，双方就聚焦等保测评背后责任链条，围绕监管失职、利益输送开展链条式调查达成了共识。在之后的调查过程中，监察机关以明确是否存在共同犯罪、后道审核关口是否失效等为调查重点，先后发现范某某下属徐某、某信息技术公司赵某、公安机关沈某某、某技术公司王某等涉嫌受贿、洗钱的案件线索并开展了立案调查。本案办理过程中，区检察院与区监察委始终注重衔接配合，通过聚焦责任链条深挖其他职务犯罪线索，始终保持职务犯罪惩治力度。

通过本案的办理，检察机关还得出了要在及时固定有关犯罪证据的同时，同步开展追赃挽损工作的经验。经区检察院建议，监察机关调查过程中还同步对范某某

名下房产、银行账户和信托基金等采取了查封、冻结措施，为后续追赃挽损工作顺利进行奠定了基础。本案在调查阶段、审查起诉阶段和审判阶段共计追赃1500余万元。

二、厘清法律适用关系，准确把握案件定性和罪数认定

围绕犯罪事实、证据完善、案件定性等开展深入研究，准确适用法律，是增强案件办理示范性的重要途径。本案是一起市场交易型受贿，被告人范某某为谋取私利，利用空壳公司虚设多个市场交易环节，犯罪手段具有较大的隐蔽性。被告人范某某除利用本人职权，还向公安机关沈某某请托，利用沈某某职务便利帮助P2P网贷企业获取审核回执，该行为同时符合行贿和斡旋受贿的构成要件。故，如何在充分论证的基础上，厘清此罪与彼罪的界限，并准确认定罪数形态，是本案办理的难点、焦点。

结合刑法理论和相关司法解释、指导性案例，检察机关认为，认定被告人范某某犯受贿罪一罪还是受贿、行贿数罪并罚，应综合全案和其犯罪行为连贯性进行考虑。本案中，被告人范某某向 P2P 网贷企业承诺内容包括通过机构测评和取得网安回执两项，故将范某某向沈某某请托并获取回执认定为 P2P 网贷企业谋取利益行为的组成部分，即以斡旋受贿定性更为适宜。上述意见也被上海市监察委员会采纳，为该委后续调查处理沈某某受贿案提供了有力支持。

三、落实案件同步审查，有效提升互涉案件办案效果

从办案实践来看，职务犯罪与洗钱犯罪存在较强的伴生关系，为此，监察、检察、公安机关要通过强化多方协作联动，全面贯彻落实"同步审查""一案双查"工作机制。围绕涉案赃款重点排查钱款流向，深挖洗钱犯罪线索，形成案件线索发现、移交、办理长效机制，打造"反腐败＋反洗钱"的工作格局。

在本案办理过程中，检察机关通过进一步审查相关银行账户明细以及涉案人员言词证据，发现被告人范某某除指使被告人王某通过虚开发票等手段为其套现贿赂款，还存在利用他人公司将受贿款项套现的情形，遂要求监察机关将相关线索移送公安机关，推动公安侦查与监察调查的有机衔接。在监察机关将许某某、张某某洗钱线索移送至公安机关侦查后，检察机关对该起洗钱犯罪再次提前介入、引导侦查，并进一步明确了打击范围和证据标准。

◆ 相关规定

《中华人民共和国刑法》第一百九十一条、第三百八十三条、第三百八十五条、第三百八十六条、第三百八十八条

《中华人民共和国刑事诉讼法》第十五条、第一百七十六条

《中华人民共和国监察法》第四十五条、第四十六条

◆ 办案札记

本案是一起发生在金融放贷领域的职务犯罪案件，从提前介入首次参与本案开始，承办人就有了第一个疑问：等保测评是什么？帮助P2P网贷企业通过等保测评，是本案权钱交易的内容，所以搞清楚等保测评是什么，是办好本案的基础。经过了解，承办人发现，

一个网贷平台想要上线，首先需要有完善的内部制度，装备强力的数据保护软件；其次需要通过专业测评机构的审核，俗称"三级等保测评"，也就是本案被告人范某某所分管的业务；最后则需要拿到公安机关网安部门的审核回执。通俗点说，如果电脑安装防火墙是用于防范个人信息的泄露，P2P金融平台的三级等保测评就是防范金融平台风险、保障个人资金安全的重要监管环节。

了解了等保测评是什么，承办人就有了第二个疑问：监管是如何失灵的呢？监管部门设立等保测评，原本是为了达到过滤P2P行业的目的，却被范某某等人利用手中权力，开发了所谓的"商机"。在办案过程中，承办人也曾查询过，截至2017年年末，上海市共有267家正常运营的P2P网贷公司，而其中有64家是范某某的"客户"，通过这些客户，范某某等人在短短一年内，就收取了高达2200余万元的"服务费"。根据司法解释，收受贿赂300万元以上即属于数额特别巨大，本案涉案金额达到2200余万元，超过数额特别巨大的起始标准7倍。在巨大的利益面前，范某某妄图以"合法"的市场交易，掩盖"非法"的受贿目的，最终导致了对P2P平台监管的失灵。

针对本案继续深挖，承办人在提前介入阶段，就向监察机关提出了全面清查资金流向，并对后道审查关口进行排查的要求，也因此发现了王某、许某某、张某某等人洗钱的线索，以及沈某某受贿的线索。

至此，本案的脉络基本已经厘清，即范某某为了从国家管制P2P网贷企业的政策中获利，先是找来一家空壳公司作掩护，以提供整改服务的名义收取服务费，把获利行为假扮成市场经营行为；再指使徐某、赵某在外面招揽业务、出面与P2P网贷企业签订协议，掩盖范某某才是公司实际控制人的事实；再通过金融业协会等渠道与范某某任职的测评中心签订测评合同，增加没有必要的中间环节，妄图断开空壳公司与其任职单位的联系；再要求下属员工帮助这些P2P网贷企业顺利通过测评，并通过公安机关沈某某发放审核回执；最后通过王某、许某某、张某某等人帮助管理财务，并将收取的巨额费用通过14个账户转账套现。

为了把特别巨大的涉案赃款追回来，审查起诉阶段，

承办人也多次向范某某、徐某、赵某等讲解认罪认罚从宽制度的相关规定，以及明确积极退赃可以获得从宽处理，在此基础上各被告人最终均退缴了赃款。

在办案过程中，承办人也了解到，范某某家庭富裕，但是在经济条件宽裕的情况下，其仍然堕落为职务犯罪案件的被告人，究其原因，还是拜金主义、享乐主义作祟，进而导致理想信念的滑坡和权力的滥用。本案在国家严密防范金融风险、保护经济健康发展的大背景之下，发生在P2P行业的测评、审批这个整治金融乱象的重点领域，关乎广大群众的财产安全和切身利益。近年来，从国家出台一系列的监管措施可以看出，P2P专项整治的政策方向是"退"而非"进"。范某某作为测评中心的领导，在P2P网贷企业的建设上，本应把好网络安全的第一道关，却把手中的权力当作了捞取财物的资本。这也再次警示人们，党员干部要时刻保持清醒的头脑，不碰底线、不越红线。

随着腐败、洗钱手段的日趋隐形变异、翻新升级，党的二十大报告指出，要惩治新型腐败和隐性腐败，并织密织牢洗钱犯罪的"防护网"。检察机关将以高度的责任感，积极履行职责，并持续运用法律利剑维护人民群众利益。对于腐败，绝不容忍！

承办检察官：曹婧
案例撰写人：王琦丽

新型保健品诈骗案探析

——季某、亢某某等14人诈骗案

◆ **关键词**

诈骗　保健品　认罪认罚　追赃挽损

◆ **要旨**

检察机关提前介入，引导公安机关厘清本案定性、侦查方向等问题，引导其跨区域一网打尽利用电信平台虚构保健品售后人员身份，诱惑老年人前来领取礼品，从而夸大病情诱骗其钱款的犯罪团伙；并持续追赃挽损，弥补老年被害人损失的同时也在建议量刑中给予各名被告人更轻缓的刑罚。

◆ **基本案情**

被告人季某、亢某某，系S生物科技公司（以下简称S公司）管理人员；

被告人张某某等10人，系S公司业务员；

被告人沈某某、杨某，系S公司员工。

2017年起，被告人季某伙同被告人亢某某在上海市开办S公司，招募被告人张某某等人担任公司业务员，高价售卖从他人处低价购得的保健产品。季某安排业务员拨打从他人处获取的老年人联系电话，以免费发放礼品等为由，骗取老年人上门登记进而套取老年人的身体状况和经济能力等信息，针对每位老年人组建"专属"微信群，实时将套取的病情告知由被告人沈某某、杨某（无医生资质）扮演的"老中医"，再由"老中医"佯装通过看病诊断出老年人上述病情的假象继而获取老年人信任，后夸大宣传S公司保健产品功效，诱使老年人以明显高出市场价的价格购买该产品，后按约定比例分成。季某、亢某某等人共骗得15名被害人（均为老年人）人民币24万余元。

上述被告人均于2020年6月2日被公安机关抓获。案发后，被告人季某、亢某某、杨某、张某某、胡某退赔老年被害人全部损失并取得谅解。

◆ 检察机关履职过程

2020年4月17日，区公安分局对该案立案侦查。2020年7月10日区检察院对亢某某等13人作出批准逮捕决定。2020年9月至10月，区检察院以诈骗罪先后对季某等14人提起公诉。2020年10月至11月，区法院作出一审判决，以诈骗罪分别判处季某等14人拘役五个月至有期徒刑四年，并处罚金。后季某提出上诉。2021年1月28日，二中院裁定驳回上诉，维持原判。

◆ 典型意义

一、发挥主导作用，精准打击犯罪

检察机关第一时间提前介入，向公安机关调取了老年人购买的所谓"保健品"，通过取样分析，查明涉案保健品的主要成分是菊花、枸杞等。检察机关就本案的定性是民事欺诈、销售假药还是诈骗进行研究，通过查看涉案产品的外包装后发现并没有药品和保健品批准文号，因此认定该产品属于食品，并非药品，也没有药品的功效，同时服用该产品既无保健功效，也不至于危害人体健康，因此排除了销售假药罪、妨害药品管理罪等涉药品罪名。经过鉴定得知该产品的成本每盒只有几元，经嫌疑人精心包装后，每盒竟售卖到上千元的价格。诈骗犯罪行为在外观上与虚假宣传、产品质量责任等普通民事欺诈行为具有相似性，容易被混淆。在诈骗的交易过程中，行为人如果不仅夸大产品效果，还虚构事实让被害人购买了根本不具有买受人需要的使用价值的产品，而且自始至终没有履约的意愿，也没有真实经营的打算，就已经超出了民事欺诈的范畴，应当以诈骗罪追究刑事责任。在本案中，诈骗团伙实施的每一步活动都有其明确的目的，环环相扣，步步为营，老年人被嫌疑人宣传的特殊功效所蒙蔽，甘愿掏出巨额钱款买药，服用后发现根本没有疗效，属于陷入错误认识后处分财产的行为，这已经超出了民事欺诈的范畴，符合诈骗罪的构成要件。

定性后，公安机关在检察机关的全程指导下，通过调取周边监控录像、定时蹲点等方式，查明犯罪成员出入路线，后成功将该团伙核心成员和外围成员一网打尽。

二、解构诈骗手段，查明犯罪事实

涉保健品诈骗犯罪是行为人以保健品为主要媒介实

施的诈骗犯罪。一般来说,老年人是保健品消费的主力军,同时也成为保健品诈骗的受害重灾区。

本案系有组织、有策划地利用电信网络,以诊断并治疗老年慢性病为幌子的新型诈骗。各被告人分工配合,佯装"老中医"把脉听诊,将事先套取的病情当作诊断的病情告诉老人,老人一听深信不疑,以为自己遇到了神医。然后"老中医"升级诈骗套路,谎称老人过几年会有个坎过不去,但是吃了他们的产品后就能药到病除。老人于是为数万元的保健品"慷慨解囊"。骗子们就利用这种诈骗手法,骗取了15名被害人共计24万余元。

嫌疑人为了不让行径败露,下足了功夫。他们将公司开设在偏远的郊区,周边既无公交也无地铁,全靠业务员上门接送,既让老人感到"温暖",又让其无法知道具体地址;购买保健品只能付现金,避免转账留痕;每位老人的上门时间都完美错开,防止互相交流拆穿骗局。

这是一个分工明确、配合默契的保健品诈骗团伙。季某等人精心设计了上述诈骗犯罪的三个主要环节:精准选角、鸣锣开戏、结局收网。三个环节均是诈骗犯罪整体行为的一部分,共同服务于行为人骗取被害人钱款的目的。该案涉案人数较多，不少参与作案人员并非三个环节全部参与，但只要具有共同诈骗的主观明知，参与任何环节的诈骗均应对全案诈骗事实负责，对于其中作用较小、情节较轻的人员可认定为从犯，依法应当从轻、减轻处罚。

三、自行补充侦查结合追赃挽损，守护养老钱

到案后，有的嫌疑人拒不认罪，认为自己是在正常售卖产品。检察机关从扣押手机中筛查、调取微信聊天记录，调取出诈骗主犯分发给业务员的一张张脉络清晰的话术单，恢复出一份份事先透露被害人病情、合谋行骗的微信群聊天记录。嫌疑人在证据面前无法抵赖，只能如实供述犯罪事实。同时，检察机关通过自行补充侦查，认真梳理出每名被害人对应的业务员和"老中医"，对所有被害人重新制作询问笔录，最终精准计算出每名嫌疑人的诈骗数额，查明本案的案值为人民币24万余元。

案件办理过程中，办案人员始终想着怎么为老年人追赃挽损。在审查逮捕阶段提前了解嫌疑人的退赔意愿和能力，在审查起诉阶段积极敦促退赔退赃，对于作用较大的组织者给予严厉打击；对于作用较小的业务员等进行释法说理,在其退赔退赃后积极促使其认罪认罚,并建议给予较为轻缓的刑罚。最终,本案嫌疑人退还了全部赃款,为被害老年人挽回了全部损失。

四、开展法治宣传,延伸检察职能

为达到"办理一案、治理一片"的效果,虹口检察院先后召开"老年人权益保护""5G时代,共同守护公民个人信息"等两场新闻发布会并发布该典型案例。本案因成效显著,被编入2021年上海网络犯罪检察白皮书,2022年度市检察院打击整治养老诈骗专项行动专刊也选编了本案例。区检察院在嘉兴路街道市民驿站设立"兵站式"检察官办公室,通过在社区、街道、养老院等地发放《老年人防骗指南宣传手册》、举行老年人防骗与犯罪预防专题讲座等形式,加大宣传力度,切实提高老年人防骗意识和法律意识。

◆ **相关规定**

《中华人民共和国刑法》第二十五条、第二十六条、第二十七条、第六十四条、第六十七条、第七十三条、第二百六十六条

《中华人民共和国刑事诉讼法》第十五条

◆ 办案札记

一些人打着"送鸡蛋"或者送其他小礼品等小恩小惠的旗号，引诱老年人购买保健品。这类诈骗主要利用老年人爱占小便宜的心理。其主要表现形式是：骗子一般会在小区、公园推销保健品。该类诈骗的严重性在于不仅卷走老年人一辈子的积蓄，而且他们推销的假冒伪劣产品还会对老年人的身心造成不可挽回的损害。还有一些诈骗分子利用老年人独居，缺少亲人陪伴空虚寂寞的心理，对老年人进行专访，像对待亲爹亲妈一样打"亲情牌"，这样一来，老年人更容易心甘情愿掏钱购买产品。此外，一些诈骗分子会安排一些老年人（托儿）现身说法。这些托儿会先描述自己吃保健品前的病痛症状，再谎称保健品效果确实好，服用后原来的不适感一扫而空，并鼓动说现在有惠民优惠或让利活动，不买就吃亏。老年人看到同龄人"真实"的服用体验后，很容易上当。

不仅如此，一些诈骗分子还喜欢夸大保健功能、扩大产品疗效，宣称"包治百病，立马见效"，引诱老年人

购买。但我国公布的保健食品功能仅包括增强免疫力、缓解视疲劳、促进排铅、改善睡眠、减肥等27项，对于降血脂、降血压、降血糖以及改善记忆力等只有辅助作用，并不能代替相应的药物。

故，打击诈骗老年人特殊群体的犯罪迫在眉睫。就本案而言，犯罪嫌疑人分布范围广，报案人数较少，取证固证难等，给案件的侦查带来了一定的难度，主要体现在以下方面：

一是早期发现难。涉保健品诈骗犯罪案件大多是关于家庭作坊式的个体户或小私营业主的犯罪案件。犯罪分子有意选择郊区或城乡接合部的多个隐蔽厂房、仓库作为犯罪场所，外人难以察觉，隐蔽性极强，查找难度大。此类犯罪大多已形成"一条龙"的产业链条，犯罪分子具备较强的反侦查意识。

二是获取线索难。首先，有些老年人还在服药中，并没有发现自己被骗。有些老年人因为心理因素误认为吃了这些保健品起到了治病的效果。还有一些老年人为了避免麻烦而选择忍气吞声，不愿意通过复杂的程序向公安报案，从而在一定程度上助长了该类违法犯罪行为的实施，导致部分案件难以被侦破。其次，一些保健品诈骗犯罪案件涉案人数众多，涉及范围广，线索较为分散，无法找到破案的突破点。

三是调查取证难。就本案而言，为了不让行径败露，犯罪分子下足了功夫。公司在远郊，既无公交也无地铁，全靠业务员上门接送，老人无法知道具体地址；买药只能付现金，避免转账留痕；每位老人的上门时间都完美错开，防止互相交流拆穿骗局。

为了解决以上问题，检察机关第一时间介入，指导公安机关侦查取证。从报案人提供的线索出发，通过蹲点和摸排，调取周边监控录像等方式，将涉案14名嫌疑人的诈骗团伙一网打尽。

公安机关将该案移送审查起诉，在审查起诉阶段，有涉案老年被害人不知道自己被骗了，因平时嫌疑人对其嘘寒问暖，建立了一定的感情，故为嫌疑人求情，希望能对嫌疑人从轻处罚。后，检察机关对其释法说理，帮助其打开心结，被害人表示今后一定会加强警惕不再上当受骗。为此，做好防骗工作对于预防老年人被诈骗尤为重要。

首先，对于老年人自身而言，提高防骗意识是关键。

老年人要正确认识保健品的作用与功效，多和子女沟通交流，相信科学，有病及时就医。购买保健品通过正规渠道，如一些大的药店、品牌保健品官方旗舰店等。要注意看有无卫健委的"小蓝帽"保健食品标志或良好生产规范（GMP）认证。前者是消费者辨认区分真假保健品的特制标志；后者是国际通行的食品医药企业良好的生产流程和管理规范，是我国药品和保健品生产的强制性标准。

其次，子女要多多关心自己的父母，常回家看看，不给骗子打"亲情牌"的机会。要有意识地给父母打好预防针，在日常的沟通交流中告诉父母一些关于保健品诈骗的新闻报道，做好对父母的防骗教育，防患于未然。要帮助自己的父母学习一些简单电子设备和软件的基本使用方式，以拓宽老年人获取资讯的途径。

再次，社区等公共场所应做好防骗宣传工作。在公园等老年人活动较多的地方，悬挂防诈骗宣传语、设立防诈骗宣传栏。另外，社区应多为老年人举办一些文体活动，丰富他们的日常生活。社区、街道的安保人员要加大日常巡逻力度，提高门禁水平，以保证社区、街道有良好的治安秩序。

最后，相关机关应积极完善管理制度。尽快建立起与市场相适应的管理体制机制，规范生产经营者的市场行为，保障保健品市场的良好生产经营秩序。相关食品药品管理机关应该落实好"四个最严"，用最严谨的标准、最严格的监管、最严厉的处罚、最严肃的问责来切实加强食品药品安全监管并制作相关宣传手册，分发给大众群体，做好该方面的引领工作。

承办检察官：沈忆佳
案例撰写人：沈忆佳

推进公益诉讼

上海市虹口区江湾镇街道旧改征收地块生态环境整治行政公益诉讼案

——公益检察助力清运"搬不走的垃圾山"

◆ **关键词**

行政公益诉讼诉前程序　生态环境保护　旧改征收

◆ **要旨**

随着城市更新速度不断加快，旧改力度日益增大，房屋征收已成为重大民生工程之一。但旧改征收地块本身"脏乱差"现象较为严重，影响城市生态环境，破坏城市面貌，成为城市环境治理的"盲点"。检察机关充分发挥公益诉讼职能作用，在充分调查核实的基础上，深入分析污染成因，厘清各部门工作职责，针对问题，对症下药，分别向行政主管及行政执法部门制发检察建议，督促各行政机关依法履职，彻底清运存在三年之久的"垃圾山"，根本解决长期困扰周边居民的扬尘、噪声等建设施工引起的环境污染问题。同时，检察机关延伸办案职能，发挥协同优势，联合属地街道等部门说服居民将征收诉求与环境治理相剥离，并开展全过程跟进监督工作，确保生态环境整治效果。

◆ 基本案情

虹口区旧区改造（城市更新）项目中除案涉地块外，其余地块均已完成征收并交付开发企业进行施工作业。案涉地块在长达三年的时间里，现场无人管理，西、南方向两边围墙虽已搭建，但东、北方向两边围挡一直未搭建，且该地块内杂草丛生，建筑垃圾、生活垃圾随处可见，其中还有居民种菜，导致蚊蝇滋生，直接破坏周边生态环境，影响城市面貌。同时，其余地块已于2022年8月16日开始桩基工程施工，该建设工地存在建筑土方、工程渣土裸露堆放的情况，施工方未在堆放处采取有效防尘降尘措施，产生扬尘污染大气环境，该情况从施工开始一直存在，且越发严重。相关行政主管及执法部门始终未采取有效监管措施进行整治，生态环境公益持续受损。

◆ **检察机关履职过程**

2022年9月,上海市虹口区召开区2022年河湖长制、林长制工作会议暨区生态文明建设领导小组会,会上通报了已拆地块有大量垃圾未及时清除的情况。同时,通过对12345市民服务热线平台数据分析,发现沿线建筑工地存在扬尘污染久治不绝的情况。随即实地查看,发现上述环境污染问题均属旧区改造(城市更新)项目。经向区旧改指挥部调查核实,该项目中的案涉地块还未正式交付开发企业,而其余地块已于2022年年初交付开发企业,并于2022年8月开始施工建设。

经区检察院现场实地勘查,案涉地块北面、西面有居住小区,东面有天然河道,南面紧邻道路,地块未按规定在四周设置连续、封闭围挡,未及时平整工地,未清除建筑垃圾及其他废弃物,且长期无人管理,周边居民、车辆随意进出地块,导致地块内杂草丛生、蚊蝇滋生,生活垃圾、建筑垃圾随处可见,严重影响市容环境卫生,破坏城市生态环境。另据周边居民反映,由于"垃圾山"长期存在、无人清理,垃圾体量越来越大,距离居民楼房最近处已不到 1 米，地块内臭气熏天，各类害虫出没，居民只能门窗紧闭。由于杂草越长越高、越长越密，火灾等公共安全隐患的解决亦刻不容缓。在该旧区改造（城市更新）项目的另一端，在已交付并开工建设地块中，则呈现出另一种环境污染情形。随着桩基工程的启动，扬尘、噪声等问题严重影响周边居民的日常生活，虽经多次投诉，相关施工方仍我行我素。经区检察院现场勘查，当场发现有多处土方、渣土裸露的情况，且施工方一直未采取围挡遮盖、分段作业、择时施工、洒水抑尘等防尘降尘措施。

在确定生态环境领域公益受到严重侵害后，区检察院决定针对旧改项目环境污染问题以事立案，并对相关部门职责做进一步分析。针对案涉地块还未正式交付开发企业的情况，区房管部门作为行政主管部门，负责对本区旧改征收地块拆房工地的监督管理，应督促相关施工单位进行整改。区检察院于 2022 年 10 月 14 日向区房管部门制发检察建议，建议该局督促相关施工单位进行整改，对案涉地块完成土地整理，清运垃圾和渣土，设置连续、封闭的围挡并加强监督管理，持续做好后续环境维护工作。针对行政执法缺位的情况，属地街道办事处负责所辖区域内的市容环境卫生管理工作，对市容环境卫生工作进行监督和检查，具有查处施工单位扬尘、噪声等环境污染行为的职责。区检察院于2022年10月21日向属地街道办事处制发检察建议，建议该办事处履行属地监管职责，对所涉旧改地块施工工程进行监督检查，督促案涉地块施工单位进行整改，并对万安路沿线地块施工单位未采取防尘降尘措施进行查处。

在制发检察建议后，区检察院主动延伸办案职能，发现社会公共利益损害背后隐藏的社会治理难题，帮助行政管理部门破解监管障碍，充分发挥协同优势，联合属地街道等职能部门说服周边居民将征收诉求与环境治理相剥离，最终相关行政机关与周边居民就地块环境整治达成一致，垃圾清运工作得以顺利开展；并在清运现场全过程开展跟进监督工作，最终行政机关顺利清运了这座"搬不走的垃圾山"。

区房管部门于2022年11月24日书面回复区检察院，表示已按整改方案完成案涉地块垃圾及渣土清运工作，共计清运3500余吨，并针对旧改拆房施工中的生态环境问题开展自查整改。属地街道办事处于 2022 年 12 月 19 日书面回复区检察院，表示加大对涉旧改地块施工作业的监督检查力度，积极推进并完成案涉地块环境治理，同时对文明施工行为开展专项执法检查，对发现的多个文明施工违法行为立案调查并处以相应金额的罚款。经区检察院督促整改，案涉旧改征收地块内存在多年的建筑垃圾、生活垃圾被及时清运，场地得到平整并由绿网覆盖，防护围墙已砌筑，由相关管理部门安排人员日常巡查，做到场地常态化管理，持续做好后续环境维护工作。沿线等已开工建设地块针对项目地块分散、施工现场紧靠居民区等客观情况，制订并落实各项控制扬尘、减少噪声的具体措施。旧改地块所涉环境污染问题终于得到根本治理。

◆ **典型意义**

旧改征收工作本身能促进民生改善与风貌保护，但由于时间跨度长、所涉利益大、监管部门多、遗留问题杂等原因，同时会产生多种环境损害问题，且根据旧改项目所处不同阶段，环境污染表现形式各不相同，涉及不同行政监管部门，再加上旧改项目本身具有特殊性，往往存在监管"盲点"，各部门职责不清，影响城市生态环境，破坏城市面貌。正如本案中所涉旧改征收地块，由于在征收后长期无人管理，建筑垃圾及其他废弃物体量日益增加，导致地块内环境极其脏乱，且邻近居民住宅区，严重影响市容环境卫生和周边居民的正常生活、身体健康，破坏周边生态环境。检察机关应在其中发挥公益诉讼职能作用，分析污染成因，从最有利于问题解决的角度出发，督促整治旧改项目环境污染问题。

一、厘清职责，精确定位监督对象

在确定生态环境领域公益受到严重侵害后，区检察院考虑到解决公益受损问题已刻不容缓，决定针对旧改地块内超大体量垃圾长期未清运致环境污染的问题以事立案，并对相关部门职责做进一步分析。根据"谁主管谁监管、谁为主谁监管、谁处罚谁监管、谁就近谁监管"等行政法原则，从最有利于问题解决的角度出发确定相应具有行政监管权的监督对象。

针对案涉地块的土地使用权虽然已经出让，但尚未正式交付开发企业的情况，认定案涉地块仍属于旧改征收地块,应由区征收部门负责行政监管,而且生态环境问题长期存在,通过主管部门督促相关施工单位立即整改更有利于问题解决。在办案过程中进一步发现区征收部门涉及区房管部门和区旧改指挥部门,经研究认定区旧改指挥部门是综合了各项旧区改造和房屋征收工作职能的临时机构,不具备行政主体资格,最终确认区房管部门作为行政主管部门,负责对本区旧改征收地块拆房工地的监督管理,故,向区房管部门制发检察建议,建议该部门督促相关施工单位进行整改。

二、深化调查,提升依法监督力度

经进一步调查发现,有部分居民因征收诉求得不到满足而长期阻碍垃圾清运工作,将房屋征收作为垃圾清运的交换条件,因此与相关政府部门僵持不下,导致相应行政机关对该地块长期疏于管理。在了解到该情况后,区检察院在开展法律监督工作同时,在区委政法委的牵头、指导和支持下,会同区旧改指挥部、区生态环境局、属地街道等相关部门做好释法说理工作,参与各相关职能部门与居民的联合谈话。通过与居民间的直接沟通,化解信访矛盾,帮助行政管理部门破解监管障碍,充分发挥协同优势，联合属地街道等职能部门说服周边居民将征收诉求与环境治理相剥离。在清运过程中，区房管部门、属地街道等相关部门各司其职，区检察院在现场对履职情况全过程跟进监督，确保彻底清运掉这座"搬不走的垃圾山"；在平整地块时亦充分考虑群众利益，协调各方意见建议，消除矛盾分歧，取得良好社会效果。

三、以点带面，实现旧改项目的全方位监督

本案中，检察机关针对同一旧区改造（城市更新）项目中的不同地块所处不同开发阶段，发现不同环境污染问题，第一时间以事立案。针对地块还未交付、超大体量垃圾长期未清运的情况，明确旧改征收主管部门的环境整治监管职责；针对地块已经交付且在开发建设中产生扬尘、噪声污染等情况，明确属地街道办事处的环境污染综合行政执法职责。

针对行政主管部门监管缺位的情况，在调查核实了土地交付情况后，明确了区房管部门作为行政主管部门，负责对本区旧改征收地块拆房工地的监督管理。区检察院向区房管部门制发检察建议，建议该部门督促相关施工单位进行整改，完成超大体量垃圾的清运和土地平整。

针对行政执法缺位的情况，属地街道办事处负责所辖区域内的市容环境卫生管理工作，对市容环境卫生工作进行监督和检查，具有查处施工单位扬尘、噪声等环境污染行为的行政执法职责。区检察院向属地街道办事处制发检察建议，建议该办事处履行属地监管职责，对所涉旧改地块施工工程进行监督检查，督促案涉地块施工单位进行整改，并对万安路沿线地块施工单位未采取防尘降尘措施进行查处。通过行政主管及行政执法两个方面，区分地块是否交付、施工进度等不同情况督促不同行政机关依法履职，长效治理旧改地块因疏于管理、不文明施工等产生的环境污染问题。行政主管部门和行政执法部门各司其职，共同守护旧改项目周边生态环境，最终推动旧改地块所涉环境污染问题得到根本治理。

◆ 相关规定

《中华人民共和国固体废物污染环境防治法》第五条、第二十条、第六十三条、第一百二十四条

《上海市市容环境卫生管理条例》第十二条、第十三条

《上海市国有土地上房屋征收与补偿实施细则》第四

条、第五条

《上海市建设工程文明施工管理规定》第二条、第三条、第四条、第十一条、第十八条、第二十四条

《上海市建筑垃圾处理管理规定》第二条、第三条、第二十八条、第二十九条

◆ 办案札记

2022年9月，上海市虹口区召开区2022年河湖长制、林长制工作会议暨区生态文明建设领导小组会，会上通报了一处已拆地块有大量垃圾未及时清除的情况。在得知这一线索后，检察机关立即开展调查。经现场实地勘查发现，该已拆地块东、北两侧未搭建围挡，由于长期无人管理，里面杂草丛生、垃圾遍布，还有居民种植蔬菜，导致蚊蝇泛滥，甚至有黄鼠狼出没的迹象。对于如此脏乱差的环境，检察机关将其形象地称为"搬不走的垃圾山"，难以想象"垃圾山"在虹口区这样的中心城区已存在了三年之久。

环境整治涉及主管部门、执法部门等多个行政机关。经过初查，检察机关认为解决公益受损问题已刻不容缓，

虽然对地块性质、交付情况、监管部门等仍需进一步核实，但为了及时保护公共利益，检察机关当机立断，决定"以事立案"。立案后，检察机关对地块情况进行核实，发现该地块的土地使用权已经出让，但尚未交付房地产开发企业，因此仍属于旧改征收地块，应由区征收部门负责行政监管，而且生态环境问题长期存在，通过主管部门督促相关施工单位立即整改更有利于问题解决。同时，区征收部门涉及区房管部门和区旧改指挥部门，对此，检察机关认为区旧改指挥部门是综合了各项旧区改造和房屋征收工作职能的临时机构，不具备行政主体资格，根据相关规定，区房管部门才是本区征收部门，行使对本区旧改征收地块的监督管理权，具备行政主体资格。基于以上考虑，最终选择区房管部门作为监督对象开展磋商，并制发检察建议。

在调查过程中，检察机关了解到整治工作拖延至今是因为周边居民一边投诉生态环境问题，一边又在阻碍相关部门整改。"每个人都希望生活在整洁、美观的环境中，为何会有居民反对整改呢？"带着这样的疑问，检察机关继续深入调查，发现其中的根源在于案涉地块后排楼房居民对未被纳入旧改征收范围表示不满,因此采用各种方式阻碍整改,甚至与施工人员发生冲突。为了推进检察建议的落实,在由区委政法委牵头召开的案涉地块环境整治工作推进会上,检察机关向各职能部门提出履职建议,还主动提出可以根据需要延伸检察职能,参与居民释法说理工作,为地块环境整治提供法律支撑。于是在相关部门的邀请下,检察机关参加了由区生态环境局、旧改指挥部、街道办、派出所共同参与的居民联合接待,从公益维护、法律法规等方面向居民宣传了环境整治的合法性及必要性,协调居民积极配合相关工作。在会上,检察机关提出"个人利益不应凌驾于公共公益之上",这一观点也获得居民认可,最终促使存在三年之久的环境整治难题得到实质性推进。经过整改,案涉地块清理各类垃圾、渣土及杂草,共计 3500 余吨,完成土地整理并用绿网覆盖,四周设置了透风透光的围挡,与居民楼之间增加 5 米间隔的采光区,同时进一步为周边居民添设了晾衣架,并重新铺设柏油马路。在对整改情况进行"回头看"工作时,居民们纷纷表达了对环境整治工作的支持和对如今整洁美观环境的赞扬。

在办案过程中，检察机关并没有将目光局限于奎照路275弄地块。经了解，虹口区旧区改造（城市更新）项目中除案涉地块外，其余地块均已完成征收并交付开发企业进行施工作业。检察机关在调查时发现，这些已交付并开工建设地块在施工过程中均存在不同程度的噪声、扬尘污染，已经严重影响周边居民的日常生活，虽经周边居民多次投诉，但相关施工方仍未采取有效措施予以整改。因此，检察机关又从执法角度出发，向属地街道办事处制发检察建议，建议其履行属地监管职责，对所涉旧改地块施工工程进行监督检查，督促案涉地块施工单位进行整改，并对沿线地块施工单位未采取防尘降尘措施进行查处，最终实现对旧改项目生态环境损害问题的全方位监督。

以旧改征收推动城市更新，是重大民生工程。虹口区近年来持续推进旧区改造，不断加速城市更新进程。本区旧改征收地块面小点散，因管理不善致"脏乱差"、影响城市生态环境问题多发，成为治理盲点和难点。检察机关在办理旧改征收地块生态环境整治案件中，通过对街道管辖范围内多处"小而散"的零星旧改征收地块开展系统治理，对产生问题的根本矛盾推动治理，一揽子解决长期困扰周边居民的建设施工扬尘、噪声和垃圾堆放等问题，取得较好成效，促进旧改征收真正成为民心工程。

生态环境保护领域公益诉讼是公益诉讼的传统办案领域，但本区具有区域面积小、无工业企业的现实特点，因此必须找准办案的切入点，更多聚焦与人民群众美好生活紧密贴合的方面，秉承良好生态环境是最普惠民生福祉理念，做到精准监督，助力城市精细化管理。今后也将结合区域发展大局，紧盯区域发展亮点，着力提升办案质效，凝聚监督合力，实现更好公益保护效果，以虹口区公益诉讼高质量发展，为全市探索超大城市公益保护"上海模式"提供"虹口方案"。

承办检察官：刘庆
案例撰写人：刘庆、王锦好

督促整治"消""械""妆"字号产品安全公益诉讼系列案
——推动国家批号产品安全专项治理

◆ **关键词**

行政公益诉讼　国家批号产品　专项执法监督

◆ **要旨**

"消"字号抗（抑）菌制剂非法添加屡禁不止，存在发现难、取证难、监管难的问题。检察机关通过"资料收集+学习研判""数据筛查+调查取样""专业咨询+机构检测""检察建议+专题调研"督促行政机关履职尽责，加强专项治理；通过"专项调研+延伸办案"，将检察公益保护视角拓展到"械"字号、"妆"字号等国家批号产品的共性问题上，筑牢百姓安全防线。

◆ **基本案情**

2022年6—7月，区检察院在全面开展"消"字号抗（抑）菌制剂非法添加公益诉讼办案工作中，引入专业咨询，通过大数据快速检索排查涉嫌违法线索，以"线上+线下"相结合方式，调查网络平台、实体药店、中小型超市等销售"消"字号抗（抑）菌制剂情况，进一步筛查出8家药店的12种涉嫌违法产品，依法取样收集证据。经委托第三方检测机构对其中10种可疑产品进行检测，在3种产品中检测出含抗真菌、抗生素、糖皮质激素类5种非法添加药物成分。同时调查发现，取样产品中存在治疗功效说明等标签说明书不符合规范要求，以及未进行网上备案等问题。上述情况危害众多消费者身体健康，扰乱"消"字号产品市场经营秩序，损害社会公共利益。

2022年8月，区检察院开展"械"字号、"妆"字号产品公益诉讼办案工作，在辖区内5家店铺购买了在售的9种牙膏产品。经调查发现，1种牙膏为"械"字号产品，8种牙膏为"妆"字号产品；1种"械"字号牙膏涉嫌混淆"械"字号和"妆"字号不同产品标签规范要求，含有误导性说明，3种"妆"字号牙膏涉嫌暗示具有医疗作用，进行引人误解的功效宣称；8种"妆"字号牙膏均查不到备案情况。上述情况容易误导消费者，也扰乱了药品、医疗器械、化妆品市场经营秩序，损害了社会公共利益。

◆ 检察机关履职过程

2022年6月7日，最高人民检察院（以下简称最高检）第八检察厅部署全国检察机关全面开展"消"字号抗（抑）菌制剂非法添加公益诉讼办案工作；6月30日，市检察院第八检察部发布关于办理"消"字号公益诉讼案件工作提示。区检察院高度重视"消"字号专项监督活动，分管副检察长牵头组织专题研究，部署开展专项活动，直接办理相关案件。

"资料收集＋学习研判"。办案组收集整理有关"消"字号产品监管法律法规及相关专业资料，咨询医药行业人员，通过区消保委、各大网络平台收集有关"消"字号抗（抑）菌制剂产品的投诉纠纷，找准问题，对照最高检、市检察院下发"消"字号抗（抑）菌制剂产品非法添加检测清单，分析研判可能存在的公益损害，制定以非法添加、虚假宣传为主要内容的调查方案。

"数据筛查+调查取样"。一方面，通过外卖平台及母婴购物平台进行大数据排查，快速掌握辖区内网络上销售"消"字号抗（抑）菌制剂产品的情况，形成线上调查报告，整理出重点关注产品明细。另一方面，实地走访辖区内部分药店、中小型超市等，调查了解门店销售"消"字号抗（抑）菌制剂产品的情况，对12种涉嫌违法产品购买取样。

"专业咨询+机构检测"。办案组就"消"字号抗（抑）菌制剂非法添加问题专门听取专业人员意见。经进一步比对，对其中10种可疑产品委托第三方机构检测，3种产品检测出非法添加药物成分，主要为抗真菌药物（咪康唑、酮康唑、益康唑）、糖皮质激素类药物（氯倍他索丙酸酯）和抗生素类药物（甲硝唑），占送检样品的30%。同时，还在12种涉嫌违法产品中发现10种产品的标签说明书不符合规范要求，涉及主要成分未标注加入量，标注禁止标注内容及无检验依据的使用对象，指

示菌杀灭率、抑菌率标注涉嫌夸大治疗功效,涉嫌违规使用外用药物专用标识等问题,占全部样品的83.3%;1种产品未网上备案。

"检察建议+专题调研"。2022年7月26日,区检察院向监管部门制发并公开送达检察建议,建议其依法履职,对相关药店违法违规经营抗(抑)菌制剂产品的行为进行查处;对涉及生产企业责任的及时通报相关监管部门;结合随机监督抽查计划,开展辖区内抗(抑)菌制剂产品安全隐患的全面排查。同时开展专题调研,共同研讨解决"消"字号行业监管和执法难题,厘清职责权限,形成协作共识。

监管部门收到检察建议后,成立专项工作小组,于2022年8月至9月集中对涉案产品经营单位开展专项执法监督,10种产品停止销售,2种产品分别通报生产企业所在地监管部门处理和督促网上备案;对辖区消毒产品经营单位开展专项抽查检查16件次,发现另1件非法添加消毒产品并立案调查。2022年9月23日,监管部门将专项执法监督检查情况书面回复检察机关。2022年10月10日,区检察院对检察建议回复整改情况进行线上"回头看",经搜索未发现相关问题产品在外卖平台销售;10月18日开展线下"回头看",经调查核实相关问题产品已下架不再销售,监管部门加强对药店经营者卫生法律知识的宣传培训和监管指导。

区检察院针对办案中发现的"消"字号产品的标签说明书不符合规范要求的情况较为突出,法律法规不细致、不明确,监管执法中难以把握标准尺度等问题,继续开展"械"字号和"妆"字号产品公益诉讼案件办理,调查分析国家卫生批号产品中普遍存在注册备案批号使用混乱、涉嫌暗示具有医疗作用、进行引人误解的功效宣称等情形,加强与相关监管部门磋商沟通,共同研究论证监管执法难题,为完善"消""械""妆"等批号产品的生产经营管理秩序提供参考。

◆ **典型意义**

产品安全直接关系人民群众的身体健康和生命安全,是重大的政治问题、民生问题。"消"字号抗(抑)菌制剂违规添加化学药物,容易引发过敏反应,导致产生耐药菌株、影响水盐代谢等一系列副作用,甚至严重危害婴幼儿身体发育及人身健康。"械"字号和"妆"字号产品暗示具有医疗作用、进行引人误解的功效宣称,容易误导消费者,使其相信产品具有治疗功效,可能耽误治疗疾病的最佳时间,侵害消费者健康权益。

一、精心谋划部署,强化组织领导,因地制宜开展一体化办案

区检察院认真落实最高检、市检察院部署要求,强化组织部署,加大办案力度,充分发挥好公益诉讼检察职能作用。一是高度重视,分管副检察长牵头组织专题研究,部署开展专项活动。成立由分管副检察长为主办检察官的办案组,直接参与案件办理,同时进一步细化工作举措,明确工作进度,强化工作要求。二是充分发挥行政公益诉讼监督作用。无论从制度功能定位,还是从具体办案效果来说,行政公益诉讼都是办理"消"字号案件的主要方式,通过与行政机关磋商、制发检察建议等方式督促行政机关依法履职、加强监管,实现诉前维护公益目的的最佳司法状态。三是收集研判"消"字号产品监管法律法规及专业资料,咨询医药行业人员,通过区消保委、各大网络平台查询有关投诉纠纷,找准消费者反映较为集中的问题,将办案重点瞄准安全风险较高的"消"字号抗(抑)菌制剂产品,紧盯销售企业+流通环节+舆论反映,开展公益损害调查。

二、聚焦办案重点,强化技术支撑,推动公益诉讼办案精准施策

"消"字号案件作为一种新的药品案件类型,存在专业性强、办理难度大等问题,主要从三个方面找准"突破口"。一是迅速行动,摸清情况。根据非法添加"消"字号产品台账,按图索骥重点调查已列入台账问题产品线索,积极摸排尚未列入台账产品线索,迅速形成整治"消"字号非法添加产品的高压态势,确保调查核实不疏漏,辖区范围全覆盖。紧盯流通环节,准确把握公益受损事实,选取销量好、持续时间长、违法情形严重的产品,精准有效购买取样,收集证据。二是对照规范,专业比对。根据"消"字号产品规范要求,抗(抑)菌制剂属于具有第二类风险的消毒产品,需要加强管理以保证安全、有效。消毒产品的命名、标签(含说明书)应当符合有关规定,消毒产品的标签(含说明书)和宣传内容必须真实,不得出现或暗示对疾病的治疗效果;产品上市时要将卫生安全评价报告向省级卫生健康行政部门备案；消毒产品标签说明书应符合规范性要求。因此本案除聚焦非法添加问题，还通过规范性比对，全面调查标签说明书规范性、产品备案等问题。三是借助技术，委托检测。根据最高检数据，在"消"字号抗（抑）菌制剂中非法添加化学药物的品种多样，主要包括添加抗生素、抗真菌药物、激素等，还有的添加了麻醉药物；从办案情况看，80%以上的案件涉及非法添加抗真菌药物；从技术检测看，非法添加抗真菌药物的检测技术比较成熟，共识度高。因此，本案将非法添加抗真菌药物纳入检测范围，重点对10种可疑产品委托第三方机构检测，固定证据。

三、推动类案整治，全面实现批号产品安全治理

区检察院积极推动"消"字号、"械"字号、"妆"字号等国家批号产品系统治理。一是坚持依法办案与行业治理相结合。我国在"消"字号抗（抑）菌制剂产品监管层面出现一些潜在问题，例如，形式备案缺乏有效约束力；上市前产品质量缺乏全面评价；上市产品非法添加监管力度不足；违法成本低，违法行为处罚力度不

足等。因此,"消"字号抗(抑)菌制剂产品生产、销售乱象亟待监管整治。一方面通过办案督促相关行政部门依法查处违法行为,追究相应责任,让违法者付出代价;另一方面注重系统性治理,推动行政部门成立专项工作小组,开展全面专项执法监督。除了查清产品销售环节的违法问题,还及时通报相关监管部门,查清产品生产环节出现的违法问题及其原因,通过个案办理促进相关领域的有效治理。二是坚持专项调研和延伸办案相结合。专门走访相关行政监管部门开展调研,结合办理"消"字号案件中发现的"械"字号、"妆"字号产品同类问题,共同研讨解决行业监管和执法难题。延伸开展"械"字号、"妆"字号行业安全治理,针对"械"字号注册滥用、"妆"字号夸大效果,以及普遍存在的暗示医疗作用、误导消费者等问题推动执法监管,规范销售市场,保护消费者健康权益。本案办理机关加强与监管部门的沟通协调,采取合适的监管措施,既保证了社会公益得到保护,也降低了对涉案企业日常经营活动的影响。

◆ 相关规定

1. 消毒产品方面

《消毒管理办法》第二十六条第二款、第三十一条、第三十二条第二项、第三十六条、第四十三条

《消毒产品卫生安全评价规定》第二条第二款、第九条、第十六条

《消毒产品卫生监督工作规范》第七条、第二十七条第一款、第二十八条

《消毒产品生产企业卫生规范》第三十条

《消毒产品标签说明书管理规范》第十四条第一款、第十五条第三项、第十八条第三项

2. 化妆品方面

《化妆品监督管理条例》第五条第二款、第二十条第二款、第二十二条、第二十三条、第三十七条、第六十一条第五项、第七十七条

《化妆品标签管理办法》第十九条

3. 医疗器械方面

《医疗器械监督管理条例》第四条第二款、第六条、

第十三条第一款、第三十九条第一款、第八十八条第二项

《医疗器械说明书和标签管理规定》第十四条第七项、第十八条

◆ 办案札记

"消"字号产品非法添加公益诉讼案件办理始于最高检、市检察院统一部署的专项监督活动,办案组针对辖区内抗(抑)菌制剂产品存在非法添加药物成分、标签说明书不符合规范要求、未网上备案等问题开展监督,守护百姓健康安全,但又不限于此,还跨前一步推动"械"字号、"妆"字号等国家批号产品同类问题安全治理,筑牢百姓健康安全的司法防线。

一、切实增强办好"消"字号案件的责任感、使命感

"消"字号产品是具有国家卫生批号的消毒产品的统称。常见的消毒产品有消毒纸巾、湿巾、卫生巾、酒精等(第三类低风险),还有就是常用的各类抗(抑)菌制剂产品(第二类中风险),直接喷涂在皮肤上的各种霜剂、乳膏、凝胶、喷雾、洗液等。"消"字号抗(抑)菌制剂虽然不属于药品,但"消"字号抗(抑)菌制剂产品违

规添加化学药物后，容易引起过敏反应，如果产品用于婴幼儿，会产生严重危害婴幼儿身体发育的损害后果，这在国内外专业人士署名文章和类似侵害实例新闻报道中屡见不鲜。

违法添加的"消"字号产品类型多样，使用范围广泛，存在的问题类型也多样，既有非法添加药物问题，也有产品说明书、广告宣传疗效等违规违法问题，这些都违反了国家药品使用、管理法律法规和规章制度，侵害了消费者的生命健康合法权益。"消"字号抗（抑）菌制剂产品中违法添加问题在市场上有一定普遍性。从本区情况来看，产品问题类型方面，标签说明书规范性问题较为突出，非法添加药物成分问题次之，产品备案问题较少；销售途径方面，既包括线上外卖平台销售，也包括线下药店实体店铺销售；销售对象方面，既涉及一般消费者，也涉及婴幼儿特殊群体。因此，办案组把整治"消"字号抗（抑）菌制剂非法添加问题作为"公益诉讼守护美好生活"的一个小专项，督促整治行业生产、销售乱象。

二、依法履职，尊重规律，确保"消"字号案件办理取得实效

药品安全领域是公益诉讼检察的传统法定领域，集中办理"消"字号公益诉讼案件是最高检第一次部署全国性药品类公益诉讼专项工作，一方面要积极作为，另一方面要尊重规律，从实际出发，依法履职。办案组迅速行动，积极主动摸排线索，按照最高检八厅专门梳理的非法添加"消"字号产品台账，按图索骥的同时，积极摸排尚未列入台账，特别是本地的违法产品线索，迅速形成整治力量和态势。

专业性强，办案难度大，如何有效破解？办案组依靠技术支持，以行政公益诉讼为主，综合运用多种监督手段。最高检技术信息中心检测发现，在"消"字号抗（抑）菌制剂中非法添加的化学药物品种多样，包括添加抗生素、抗真菌药物、激素等，还有的添加了麻醉药物，其中最主要的是非法添加抗真菌药物。因此，办案组优先办理涉及非法添加抗真菌药物的案件，以点带面，逐步拓展。

办理药品类案件，离不开技术检测和鉴定，办案的

初始性、基础性证据就是违法添加成分的技术检测报告。这些机构的检测报告足以证明相关"消"字号产品有没有违法添加成分，足以支持检察机关监督行政机关开展执法检查。因此，办案组委托第三方检测机构进行成分检测，根据检测结果有理有据地提出监督意见，通过与行政机关磋商、制发检察建议等方式督促其依法履职、加强监管。

三、延伸办案，推动国家批号产品安全协同共治

低门槛、高利润、添加激素见效快，这是企业铤而走险的诱因；把关不严、监管不足、震慑力弱，这是行业监管的疏漏。如何破解深层次问题？办案组专门走访相关行政机关开展调研，厘清职责权限，形成协作共识，结合办理"消"字号案件中发现的"械"字号、"妆"字号产品中存在的同类问题，开展专项执法监督。产品违法问题在生产、销售环节都不同程度存在，产品出现问题往往与源头监管薄弱，也就是生产环节存在制度漏洞有关。因此，除了要查清产品销售环节的违法问题，还要调查产品生产环节存在的违法问题及其原因。

同时，牢固树立"双赢多赢共赢"理念，推动行政

机关更好履职尽责，协同发挥职能作用，注重办案三个效果有机统一，落实好现阶段"稳"字当头的经济政策和稳定就业大局，采取合适监管方式对涉案相关商家进行处理。加强与行政机关的沟通协作，持续加大国家批号产品办案力度，充分发挥公益诉讼检察职能作用，堵塞监管漏洞，完善监管机制，保障人民群众健康安全。

消费者对"消"字号抗（抑）菌制剂产品非法添加的危害认知度不高，容易相信"械"字号、"妆"字号产品各类功效宣传、虚假宣传，忽视产品的使用安全。因此，特别要提醒消费者："消"字号产品不是药品，没有治疗功效；非法添加的"消"字号化妆品比普通化妆品更加危险；"械"字号面膜、"械"字号牙膏纯属玩弄概念；"妆"字号牙膏不能修复牙釉质，也不能治疗幽门螺杆菌；"妆"字号产品宣传功效越神奇越要提高警惕。在这个快捷便利、全网营销的时代，人人都要有一双"慧眼"，当好自己的健康卫士。

承办检察官：崔晓丽
案例撰写人：崔晓丽、解璇

检察公益诉讼参与文明城区创建的实践探索

◆ 关键词

历史建筑保护　公共安全　守护人民群众美好生活

◆ 工作情况

2022年，区检察院办理了二十多起与区创建全国文明城区行动（以下简称创文）相关的公益诉讼案件，并形成一整套行之有效的处置流程和方法，为守护人民群众美好生活，助力区中心工作提供检察良方。

助推历史建筑保护和利用，留住更多城市记忆，是公益诉讼的重点项目。虹口区作为"文化三地"，历史文脉资源丰富。近年来，公益检察室办理以德龄公寓为代表的系列案件，有力推动区域历史文脉的保护。测评报告反映的文化场馆障碍设施不达标、周边环境脏乱差问题，涉及部门众多、治理难度大。公益检察室跨前一步，成为问题解决的纽带，联合职能部门，现场策划布局添置无障碍设施,助推街道加强周边环境清理。经过各方共同努力,最终实现了历史保护建筑、特殊群体、红色资源多重公共利益的综合保护。

协同保障城市公共安全,共创更具安全韧性的城区,公益诉讼办案组在持续发力。公益检察室参与治理头顶上的安全、脚底下的安全,同时关注到测评报告中"空中线缆不达标问题"这类半空中的安全。黑压压的"空中蜘蛛网",不仅影响虹口区市容市貌,更遮挡了红绿灯,挂住了大货车。公益检察室督促产权单位切实承担主体责任,推动主管部门下决心开展集中整治。深夜的路口,有检察官协同作战的身影。此过程中,检察官既感受到行政履职的不易,也更加坚信公益检察室的工作能让"蜘蛛网"剪得断、理不乱。

"检察蓝"守护"生态绿",是不变的主题,环境保护始终是创文的重点、难点。围绕长江大保护、长三角绿色一体化发展、生物多样性保护、助力碳达峰等,办理固体废物处置、水体污染、大气污染以及生态保护案件,是公益诉讼最大的办案领域。公益检察室的足迹遍布虹口的大街小巷,日行万步成为工作常态。针对警示

片中的某地块垃圾长期堆放问题,检察官敢于较真碰硬,说服居民将动迁诉求与环境治理相剥离,彻底清运掉了这座"搬不走的垃圾山"。针对普遍反映的多个农贸市场垃圾分类不到位、环境脏乱反复,居民小区占绿毁绿等问题,检察官通过梳理法律,厘清条块分工,促进行政执法与属地管理协同治理。

测评报告中"健身设施不达标"这类情况往往不易被重视,却与居民日常生活密切相关。让检察官记忆深刻的是,一位正在使用器材的大爷说,没想到检察机关还关注小小健身器材破损问题,让他们觉得很暖心。通过将发现的健身器材破损、被占用等问题移送职能部门,检察官帮助延伸了治理的触角,实现"办一案、治一片"。此外,公益检察室密切关注未成年人权益保护、无障碍环境建设、妇女权益保护等问题,发现并治理了多家大型商场内无障碍设施、母婴室不达标等问题,努力让每个群体都能感受到社会的温暖。

◆ 工作机制

公益检察室坚持以服务大局为着力点、以因地制宜为策略、以协作机制为纽带、以创文精神为引领、以完善制度为目标，紧密结合虹口区社会发展大局工作，推动专项监督活动深入开展，守护好人民群众的美好生活。

本次助力创文专项公益诉讼检察监督活动分为动员部署、全面推进、巩固提升、攻坚收尾四个阶段，历时短，涉及问题多，时间紧任务重，公益检察室为了提高工作效率，加大办案力度，制作了"创文项目清单"，采用挂图作战的模式，又通过繁简分流，提升办案效率，促使易整改的公益损害快速得到修复。同时从讲政治的高度争取各方面的支持理解，公益检察室着力于在守护公益的过程中促进社会治理，督促参与区创文行动的各单位切实履行职责，积极回应群众关注和社会关切，与此同时积极联系区委统战部，强化民主监督和检察监督协同治理，得到民革、民盟、民建、民进、农工党、致公党、九三学社等民主党派人士，虹口区人大代表、政协委员积极响应。与区城运中心对接招募志愿者，深化公益检察与网格化办案协作，借助外脑智慧有效提升公益诉讼检察办案质效和影响力。

一、突出重点集中整治

针对主次干道空中线缆不达标问题，联合区建管委对大连西路曲阳路点位开展专项整治，督促电信网络单位落实主体责任，清除废弃缆线。重点跟进评分较低的重点街道、部门单位，加强问题整改情况的跟踪调查，对一段时间仍不整改或者整改后问题回潮的，依法督促纠正。对于公益检察室针对架空线治理问题制度的检察建议，主管部门谈到客观存在的监管难点：外形雷同的各条架空线都分属不同单位，除特殊用途线缆，还涉及近十家民用线缆权属单位。因市区两级日常信息资料备案更新不到位，线缆权属不明、底数不清，于是管线排得越来越多，垂落情况总是反复发生，却找不到认领责任的权属单位。公益检察室立足检察职能，要求权属单位切实承担城市公共安全主体责任，并牵头召开"架空线整治推进会"，协同主管部门召集各行政单位、电力部门及各通信运营商参加并各自认领权属电缆，承诺将继续完成后续风险隐患排查及整改清理工作。

在督促行政部门切实落实监管责任的同时，公益检察室也向架挂线缆吊线的权属单位制发社会治理类检察建议,建议其在负责所属架空线养护的基础上,履行好钢绞线权属单位管理责任,做好线缆隐患排查,构筑好规范城市道路架空线管理的第一道防线,助力区创文行动。

二、针对难点攻坚作战

针对涉及部门多、整改难度较大的问题,发挥公益检察协同功能,联合多部门会商解决。助推历史建筑保护和利用,留住更多城市记忆,是公益诉讼的重点项目。虹口区作为"文化三地",历史文脉资源丰富。对于文化场馆无障碍设施不达标、周边环境脏乱差等问题,公益诉讼办案组跨前一步,联合文旅局并邀请区残联,现场策划布局添置无障碍设施,督促街道加强周边环境清理,统筹兼顾好历史保护建筑、特殊群体、红色资源多重公共利益的综合保护。开展定期回访,及时跟进了解,让人民群众打分,探索建立长效机制,进一步推深做实。通过积极开展"回头看"活动,邀请代表委员等参与公益诉讼、检验工作成效,不断夯实公益诉讼办案工作的效果。

三、找出漏点完善治理

针对反映较多、涉及公共管理盲区的小区、公园、街道旁边破坏公共绿化、毁损公共设施、健身设施不达标等问题，集中现场调查，梳理法律，厘清条块分工，促进行政执法与属地管理协同治理，推动相关单位维修更换，并进一步加强排查整治，达到"办一案、治一片"的社会效果，发挥了公益诉讼制度整体性和系统性功效。

四、整合散点多向发力

以爱心暖民心，是公益诉讼的最终目标。民生之事无小事，公益检察本质上是民生检察。针对测评报告反映的10多家农贸市场存在的环境脏乱差、占道经营、垃圾处置混乱，以及多家大型商场内无障碍设施、母婴室不达标等普遍性问题，依法建议相关部门分别从行业主管与执法监督、日常管理等方面加大力度，形成条块、部门执法监管合力，共同推动市场主体履行法律责任、社会责任，这项民心工程提质增效，老百姓更加受益。

◆ 工作设想

优化城区法治环境、市场环境、人文环境、生活环境是公益诉讼工作的出发点和落脚点，这与"生态环境""公共安全""基础设施"等全国文明城区的测评打分项目不谋而合。党的十八届四中全会以来，公益诉讼检察的办案范围从四大领域逐步拓展到"4+N"领域，其中英烈保护、未成年人保护、军人地位和权益保障、安全生产、个人信息保护、反垄断、反电信网络诈骗、农产品质量安全、妇女权益保障等办案领域逐步以单行立法的方式明确，为公益诉讼助力区创文提供了法定履职依据。

围绕区域创建全国文明城区等重点工作持续发力，一是要充分发挥公益诉讼检察职能，服务保障经济社会高质量发展，守护人民群众美好生活。二是要加大改革探索力度，推动公益诉讼制度创新发展。三是要强化一体化建设，夯实履职基础。四是要加强宣传、善于总结，讲好公益诉讼保护故事。

◆ 办案札记

公益诉讼相关的线索平台主要有最高检"益心为公"检察云平台、市检察院公益诉讼智能平台、区检察院与区城运中心建立的平台，其中数据的重要来源是12345市民热线的投诉，而这些平台的线索往往较为滞后，并经过大数据的筛选和过滤，不能反映公益受损的具体情况，对于办案的助力较为有限。依托区创文，公益检察室从区创文活动的反馈视频、测评报告和上海虹口APP的创文曝光台中获得了更多、更新的第一手线索，再进一步研判区创文测评报告、创文曝光台线索和大数据平台中收集到的情况。公益检察室主动作为，组织力量对于线索反映的大街小巷、居民小区、广场公园、沿街店铺等数百处场所进行了实地走访，归类情况，共向相关行政部门制发检察建议15件。督促相关单位共发力、解难题，因地制宜，因势利导，共计推动垃圾清运3000余吨，恢复绿化面积3万余平方米，消除各类设施隐患200余处。一是用大力气推进生态环境和资源保护领域公益诉讼案件办理。根据统计数据，生态环境和资源保护领域的案件数量,在公益诉讼各大办案领域位列第一。由于区域面积较小等客观原因,区检察院公益检察室在往年办案中,生态环境领域案件并不多。但2022年以来,公益检察室集中力量研究,结合中心城区特点,对区域生态环境进行系统治理。推动小区、公共绿化带在施工建设中的保护;进行城市生活垃圾分类投放、转运、处置等全流程的治理;对汽修行业废机油的收集、处置过程进行全面排查,联合相关部门对存在不规范行为的汽修店进行治理;围绕沿街商铺违法使用扩音设备、垃圾处置泵站噪声扰民、夜间施工噪声污染等情况开展整治;针对各街道辖区内的小区、工地扬尘污染问题进行全面摸排,联合执法部门开展集中治理;针对餐饮店油烟、油漆异味等其他大气污染情况办理相关案件;对于区域内河道水污染情形加强研判分析,加强治理。通过办案,实现对生态环境领域大气污染、水污染、土壤污染、固体废弃物污染等方面的全面治理。二是加大对重点案件的精心办理。针对某地块垃圾长期堆放问题,公益检察室发挥协同职能,联合属地街道,说服居民将动迁诉求与环境治理相剥离,彻底清运掉了这座"搬不走的垃圾山"。针对普遍反映的多个农贸市场垃圾分类不到位、环境脏乱反复，居民小区占绿毁绿问题，通过梳理法律，厘清条块分工，促进行政执法与属地管理协同治理。三是理顺磋商案件程序适用。区创文活动期间正值案件数量大幅上升时，梳理诉前磋商、检察建议与简单案件、疑难案件的对应关系，发挥诉前磋商和检察建议在实现公益保护上的各自作用。加强与行政机关在诉前磋商形式方面的共识，实现磋商案件的高效处理。在磋商案件的证据固定、磋商流程上形成统一的标准，确保提速不降效，在保证办案效率的同时，保证案件质量。

党的二十大报告在民生部分，部署了党和国家各方面事业，围绕民生的主题展开，提到了美好生活等关键词，也再次提到了"江山就是人民，人民就是江山"的金句。其核心内容就是："增进民生福祉，提高人民生活品质。"

人民检察的初心是为人民谋幸福，使命是维护法治、维护人民根本利益、维护人民当家作主的权利、维护和巩固党的执政地位，不断实现好、维护好、发展好最广大人民群众的根本利益，真正做到为广大群众谋福祉、办实事,以赢得广大人民群众的信任和支持。而聚力监督办案,促进工作提质增效,坚持守正创新,强化机制规范建设,推动协同共治,共画公益守护"同心圆",是公益诉讼的工作重点。

民之所盼,我必行之。公益诉讼工作就是紧紧围绕人民群众的利益展开的。从2020年至今,最高检八厅先后开展了三个全国性有关人民利益的公益检察专项活动,区检察院公益诉讼办案组成员更是一直围绕虹口区群众身边的操心事、揪心事、烦心事积极履职。一是组织干警进行"求极致"学习讨论,做到检察官、检察官助理、书记员全员参与,政治思想、监督理念、办案规范等内容全覆盖,具体组织了关于"如何求极致"的专题大讨论、区检察院检委会重要业务文件和要求的学习、公益诉讼检察有关法律规范的学习、公益诉讼检察核心能力"调查核实"的现场见学、"高质量"法律文书学习、"案卷档案"规范化学习等活动。通过系列活动,进一步凝心聚力,最大限度调动起大家"求极致"、拼事业的热情和动力,加深了大家对于"求极致"精神更深层次的理解,并为未来工作服务。二是全面量化案件质效,在对公益受损事实进行准确定性的同时，加强案件质效量化，全面体现公益受侵害的程度，通过办理案件维护的公益情况，形成公益保护的具体画像。技术赋能，运用好科技力量助力办案质效提升，还适时邀请技术部门参与案件的办理，为公益损害事实的量化确定基础。

"人民城市人民建，人民城市为人民。"相信在多方的共同努力下，未来的虹口区创文工作必将硕果累累。公益诉讼办案组也会立足本职，继续做到公益诉讼助创文，检察履职护民生。

承办检察官：公益诉讼办案组
事例撰写人：公益诉讼办案组

加强诉讼监督

洗钱罪与相关罪名的界分
——以方某某、颜某某洗钱案为例

◆ **关键词**

提前介入　立案监督　追赃挽损　自行补充侦查

◆ **要旨**

追赃挽损一直是检察履职的重要内容，检察机关作为法律监督机关，要善于分析研判，敢于较真碰硬，通过提前介入为公安机关指明侦查方向，通过立案监督深挖犯罪线索，通过法庭公诉指控犯罪，通过自行补充侦查积极履职提升刑事诉讼效率，及时为人民群众挽回财产损失。

◆ **基本案情**

2016年2月至3月，甲公司负责人刘某某将该公司非法吸收公众存款所得的共计人民币（以下币种均为人

民币）1300万元投资乙公司公司股权。

2017年5月至12月，甲公司总经理助理方某某利用负责开展投资项目的职务便利，与其夫颜某某结伙，招揽某寺庙祈福莲位认捐项目，由颜某某与中介人员季某某串通，隐瞒寺庙方实际报价750万元，虚高报价1373万元，再由方某某操作甲公司出售上述乙公司的股权，并在明知该股权的来源和性质的情况下，将变现所得资金支付上述1373万元价款，转账至中介人员季某某账户。季某某得款后分别将其中750万元用于认捐祈福莲位，393万元转账至颜某某指定的账户，再由颜某某将钱款转至方某某账户。后方某某和颜某某将所得钱款用于买车、还债和消费，挥霍殆尽。

◆ 检察机关履职过程

区公安分局案件侦办初期，由于本案定性疑难复杂，存在诈骗、职务侵占和无罪三种观点，公安机关就是否继续侦查存在争议，遂商区检察院提前介入。区检察院审查后认为，甲公司的资金来源于非法吸收公众存款，故颜某某的行为涉嫌洗钱罪。虽然当时关于"自洗钱"

的法律适用问题尚存争议，但因该案涉及甲公司非法吸收公众存款的追赃挽损，故建议公安机关及时继续开展侦查工作。

2020年1月，区公安分局提请区检察院对颜某某审查逮捕。经审查发现，颜某某的妻子方某某具有重大犯罪嫌疑，区检察院在对颜某某批准逮捕的同时，将方某某涉嫌犯罪的线索移送公安机关并持续跟踪监督。2020年4月，区公安分局对方某某立案侦查，并于2020年7月将方某某移送审查起诉。

审查起诉阶段，检察机关认为，本案实为方某某和颜某某共同利用方某某在甲公司的职务便利骗取该公司钱款，涉嫌职务侵占罪，而该公司钱款系非法吸收公众存款所得，将钱款转移又涉嫌洗钱罪，职务侵占罪与洗钱罪竞合，根据《中华人民共和国刑法》规定以处罚较重的职务侵占罪对二人依法提起公诉。

审判阶段，检法就该案定性产生认识分歧。法院认为，职务侵占罪定性不当，将"自洗钱"行为认定为洗钱罪也有争议。关于职务侵占罪，具体行为的实施者系颜某某，但他没有职务便利，而具有职务便利的方某某则没有实施具体行为，只有证明二人共谋才能以共同犯罪将二人联系起来，但二人不承认共谋，也没有证据证明。关于洗钱罪，当时《中华人民共和国刑法》条文规定的是协助资金转移，但方某某、颜某某转移资金是为了自己而不是为了协助刘某某。检方则坚持职务侵占罪的观点，认为现有证据足以推定二人共谋。

直到2021年3月，《中华人民共和国刑法修正案（十一）》（以下简称《刑法修正案（十一）》）正式施行。职务侵占罪数额巨大的量刑被修订，在该案中处罚较重的变成了洗钱罪；而洗钱罪的罪状表述也被修订，协助资金转移改为转移资金，"自洗钱"应以洗钱罪定性再无争议。检法分歧终于在洗钱罪的定性上取得突破。但承办法官又提出，颜某某的行为可以被认定为洗钱罪，但方某某作为甲公司总经理助理，其洗钱行为应被非法吸收公众存款的行为吸收。对此，检察机关果断开展自行补充侦查，先后找到马某某、陶某某等8名证人，就方某某的入职时间、工作变化等内容予以询问求证，查实在当年集资涉案的1300万元时，方某某还只是甲公司的一名普通文职人员，尚未参与非法吸收公众存款，故不涉及上游犯罪吸收的问题。

2021年8月,检察机关对方某某、颜某某变更起诉,指控犯洗钱罪。次月,法院对二人均以洗钱罪判处有期徒刑五年,并处罚金人民币150万元。经上诉,二审维持原判。历时17个月,在检察机关的坚持下,方某某和颜某某得到了应有的判罚,而众多投资人的损失也如愿得以追缴。

◆ **典型意义**

对犯罪予以刑事打击,除了要惩治和教育犯罪分子本身之外,积极开展追赃挽损工作,修复被犯罪破坏的社会关系,也是检察机关的重要职责和使命。尤其是非法集资类案件,能否实现有效的追赃挽损,关系到众多投资人的切身利益。然而,此类案件的追赃挽损工作并不轻松,往往涉及下游洗钱犯罪,且定性疑难复杂。罪与非罪、此罪与彼罪的争议都会影响到案件的进一步处理,从而导致追赃挽损工作的停滞。面对疑难复杂案件,检察机关要充分发挥刑事诉讼活动主导作用,通过运用提前介入、立案监督、自行补充侦查等法律赋予的监督职权，维护刑事诉讼的顺利进行，促使犯罪分子得到应有的审判，保障人民群众的利益损失得到及时挽回。

一、提前介入指明方向

本案在公安机关立案侦查之初就面临定性争议。甲公司负责人刘某某是以该公司员工颜某某、方某某利用职务之便侵占公司用于代理认捐某寺庙祈福莲位的认捐款为名报案。经初步侦查，公安机关发现，在某寺庙祈福莲位认捐项目中与中介人员串通、隐瞒实际价格并诱骗甲公司支付1373万元认捐费用的行为人是颜某某。但颜某某是否利用职务便利，其行为系正常加价的市场行为还是虚高报价的诈骗行为，都成为困扰公安机关侦查的难题。具体而言，若颜某某没有职务便利，其加价行为又难以被认定为诈骗，则可能无罪。这种可能性一度导致公安机关侦查及追赃工作停滞不前。检察机关提前介入后，提出涉嫌洗钱罪的新思路，即颜某某无论是否具有职务便利，其对甲公司从事非法吸收公众存款活动，且该公司投资某寺庙祈福莲位的资金源于非法吸收公众存款的赃款均具有主观明知，但仍实施转移资金的行为，涉嫌洗钱罪。这让公安机关侦查人员重新燃起继续侦办的希望，也使得本案的刑事打击和追赃挽损工作得以继续开展。

二、立案监督深挖线索

在对颜某某审查逮捕期间，承办检察官发现，公安机关经初步侦查认为方某某在本案中并无实际客观行为，主要由颜某某和中介人员季某某串通，故未对刘某某报案的另一名对象方某某采取任何强制措施。但是，没有明显的外在客观行为并不意味着方某某没有参与犯罪，且公安机关对于本案的侦查取证工作存在进一步补强的空间。承办检察官经审查认为，虽现有证据不足以认定颜某某系甲公司员工，但其由方某某引荐进入该公司负责推介某寺庙祈福莲位项目，并在项目开展过程中与骗取甲公司钱款具有密切联系。不仅如此，方某某的银行账户是中介人员季某某暗中转移钱款的最终落脚点，且方某某在随后不到一个月内将上述钱款挥霍殆尽。故而方某某存在利用甲公司总经理助理的职务便利，为中介人员季某某提供开展某寺庙祈福莲位项目的机会，并向季某某索取回扣款的重大作案嫌疑，检察机关将方某某涉嫌非国家工作人员受贿罪的犯罪线索移送公安机关，督促公安机关立案侦查，同时扩大追赃挽损的范围。

三、坚决指控体现担当

经过捕后的大量侦查取证工作，公安机关找到了越来越多指证方某某参与本案的证人，方某某和颜某某在本案中的具体行为和作用也越来越清晰。经查，方某某利用负责甲公司开展投资项目的职务便利，与颜某某结伙，由颜某某招揽某寺庙祈福莲位项目并对接中介人员季某某进行虚高报价，再由方某某将甲公司投资的乙公司股权变现，将所得资金用于认捐祈福莲位，进而共同骗取甲公司的钱款。检察机关认为，方某某与颜某某均同时构成职务侵占罪和洗钱罪，并以处罚较重的职务侵占罪提起公诉。

然而，本案在审判阶段出现了检法分歧。承办法官一度持无罪观点，认为颜某某是骗取行为的主要实施者，但其没有职务便利，而方某某虽具有职务便利，但没有直接的骗取行为，加之缺乏二人实施共谋的证据，便无法认定共同职务侵占。同时，承办法官认为，甲公司和刘某某对方某某使用自己的账户收取钱款的行为并不知情，方某某不符合协助转移资金的特征，故以洗钱罪定性也不妥。但公诉人坚持认为二人共同利用方某某的职务便利，共同实施职务侵占的行为，均构成职务侵占罪，且二人非法占有的钱款系众多投资人被非法吸收的赃款，故本案具有严重的社会危害性。最终，《刑法修正案（十一）》的正式施行化解了本案的检法分歧，检察机关根据新法规定，变更起诉指控方某某和颜某某犯洗钱罪，获得法院一审、二审的支持。

四、自行补侦主动作为

在审判阶段，本案的最后一个争议就是上下游犯罪的吸收问题。方某某参与过甲公司非法吸收公众存款的活动，而在本案中又实施了洗钱的行为，那么其洗钱行为就存在被上游犯罪行为吸收的可能。为查清事实经过，公诉人首先向甲公司负责人刘某某和方某某本人求证，但二人所言截然相反，刘某某指证方某某全程参与，而方某某则辩称其从未参与。对此，公诉人开展自行补充侦查，先后向马某某、陶某某等8名证人求证。查实，方某某系于2015年10月入职甲公司，最初担任普通文职，并未参与非法吸收公众存款，后于2016年6月开始通过公开宣传投资项目的方式参与。而本案中甲公司投资乙公司股权的时间为 2016 年 2 月至 3 月,故该钱款不可能由 2016 年 6 月后参与相关犯罪活动的方某某所吸收。据此,检察机关得出本案方某某的洗钱行为不存在被上游犯罪吸收的观点,公诉人自行补充侦查对本案事实的厘清起到了积极的推动作用。

◆ 相关规定

《中华人民共和国刑法》第二十五条第一款、第一百九十一条第一款第五项、第二百七十一条第一款

《中华人民共和国刑事诉讼法》第八十一条、第一百一十三条、第一百七十五条、第一百七十六条

◆ 办案札记

本案检法双方存在认识分歧,就起诉指控的职务侵占罪,承办法官一度持无罪观点。由于审判方对公诉方具有先天的后位优势,故公诉人在面对承办法官的无罪观点时,承受了巨大的压力。检法双方就案件定性问题长期相持不下,致本案历时长达 17 个月,承办法官甚至罕见地启动了报最高人民法院(以下简称最高院)特批延

长审限的程序。检法为何有如此大的争议呢？

一、争议的起源

犯罪是对客观行为的评价。本案之所以会产生争议，归根结底还是对方某某和颜某某的客观行为是否达到共同职务侵占存在不同意见。

本案的作案手法最核心的部分在于颜某某与中介人员季某某串通，隐瞒实际的 750 万元认捐价格而向甲公司负责人刘某某虚高报价 1373 万元。这既是刘某某受骗的原因，也是方某某和颜某某得以从差价中非法占有 393 万元的根源。而这一串通过程，并没有方某某的出面。基于此，方某某与颜某某是否存在共谋，成为方某某的职务便利和颜某某的核心客观行为之间连接与否的关键点。方某某与颜某某系夫妻，夫妻之间的共谋本就是二人意思联络的主观内容，二人如何事先商议自不会被外人所知，而方某某正因没有亲自出面，始终对共谋犯罪拒不供认。事实上，方某某与颜某某在本案中事先达成了攻守同盟，颜某某最先到案，在中介人员季某某的指证和银行流水的印证下，颜某某交代了与季某某串通虚高祈福莲位报价的经过，但否认与方某某事先共谋。

而方某某到案后更是一问三不知。二人的供述情况造成了没有直接证据能够证明方某某的职务便利和颜某某的直接骗财行为存在联系。

那么，如果没有行为人的交代，就无法证明其主观共谋了吗？当然不是，主观思想见之于客观行为，即可以通过行为人客观上怎么做的来推定其主观上怎么想的。而这种推定的过程就是仁者见仁智者见智了。

二、分歧的交锋

公诉人既然以职务侵占罪指控，自然对方某某和颜某某的客观行为能够推定二人主观共谋持肯定态度。理由如下：

首先，方某某具有侵吞甲公司钱款的犯罪动机。方某某自身也被甲公司非法吸收100万元，后因无力兑付本金而面临损失，其有取回该100万元的意愿和理由。同时，方某某有房贷、抵押贷款、信用卡还款等共计250余万元的巨额债务。因此，方某某具备与其夫颜某某结伙共谋利用职务便利骗取甲公司钱款的动机。

其次，方某某有积极招揽、开展祈福莲位项目的客观行为。在甲公司负责人刘某某与中介人员季某某达成祈福莲位项目协议的过程中，方某某向刘某某建言，推荐由颜某某负责对接季某某，共同促成刘某某与季某某之间的交易。此外，方某某积极参与甲公司收购祈福莲位的洽谈、考察等活动，后续又与颜某某共同设立项目公司销售祈福莲位。据此，方某某有利用为甲公司招揽并开展祈福莲位项目的职务便利，并与颜某某共同促成该项目开展的客观行为。

再次，方某某的银行账户接收了393万元赃款，且对该赃款源于甲公司投资祈福莲位项目具有明知。甲公司投资祈福莲位项目的资金来源于乙公司的股权变现，而变现过程正是由方某某本人亲自操作。资金进入甲公司账户后，根据颜某某和季某某的事先要求，通过个人账户支付给季某某。从股权变现到方某某账户接收赃款在时间上具有统一性，可以推定方某某对该笔时间连贯且异常大额的393万元资金源于甲公司系主观明知。

最后，方某某对于该笔393万元资金具有明显的占有意思。方某某在2017年12月8日收到赃款后，当日即产生92万余元的支出，次日又产生66万余元的支出，至次月4日已将上述资金使用殆尽，账户余额仅为8万

余元。根据其本人供述，资金被用于还房贷、还信用卡、买车、消费等。从该笔巨款的支出方向和使用速度可见，方某某对该笔其所谓"不知情"的巨款在使用上毫无一般人应有的顾虑。故，其对该笔巨款的来源性质不知情的辩解根本不符合常理。

上述四点足以推定方某某与颜某某共谋促成甲公司高价投资祈福莲位，并从中分取赃款谋利。然而，承办法官对此有不同意见，虽然方某某确实有作案的动机，有参与祈福莲位项目的行为，也确实操作了乙公司的股权变现，但在与中介人员季某某的串通分赃上面确实没有直接露面，间接推定不足以认定其主观共谋。至于方某某使用自己的银行账户接收393万元并使用殆尽的事实并不违背常理，因为方某某和颜某某是夫妻关系，方某某不问颜某某钱款来源而直接使用并不属于明显超出社会公众通常认知。因此，承办法官最初坚持认为方某某与颜某某的共谋没有证据证明，也无法通过客观情况间接推定，进而方某某的职务便利与颜某某的串通行为无法连接，不能认定二人构成职务侵占罪。

三、分歧的意外搁置

本案中，颜某某和方某某的行为涉及职务侵占罪和洗钱罪，根据刑法想象竞合的原理应择一重罪处罚，检察机关据此对颜某某和方某某以职务侵占罪提起公诉。在检法双方持续争议的过程中，《刑法修正案（十一）》于2021年3月起正式施行。巧合的是，《刑法修正案（十一）》对本案涉及的职务侵占罪和洗钱罪均有所修订，这直接影响了案件后续的进程。

在《刑法修正案（十一）》施行前，职务侵占罪的量刑高于洗钱罪，同样是数额巨大一档，职务侵占罪是五年以上有期徒刑，即上限可以判到有期徒刑十五年，而洗钱罪则是五年以上十年以下有期徒刑。《刑法修正案（十一）》施行后，职务侵占罪新增了数额特别巨大这一档，为十年以上有期徒刑或者无期徒刑，但数额巨大这一档却降到了三年以上十年以下有期徒刑，而洗钱罪的量刑部分没有变化。因此，同样是数额巨大这一档，两罪的上限均是十年，但职务侵占罪的下限降为三年，轻于洗钱罪的五年。根据从旧兼从轻的原理，本案想象竞合应择的重罪变为了洗钱罪。《刑法修正案（十一）》虽然没有修订洗钱罪的量刑，但对洗钱罪的罪状表述作了重大修订，将其中"协助资金转移"修订为"转移资金"，令"自洗钱"的定性再无争议。

自此，检法双方就本案颜某某、方某某的行为构成洗钱罪达成一致。随后检察院变更起诉颜某某、方某某犯洗钱罪，法院一审判决采纳，后经颜、方二人上诉，二审维持原判。本案就此尘埃落定，众多投资人的损失也得以及时追回。

本案起诉后自出现争议之初，检法双方均无法彼此说服，相持不下，谁也不曾预料到最终会因这种近乎戏剧性的变化搁置了争议。虽然单论结果而言，本案取得了较为圆满的结局，该案中检察工作的开展也卓有成效并值得述说，但对于一名法律工作者来说，被搁置的关于职务侵占的争议依旧悬而未决，而这一争议本身才是更值得琢磨和研究的关键。

承办检察官：柳文彬
案例撰写人：沈兢儒

突发疾病的暂予监外执行检察监督
——步某某暂予监外执行监督案

◆ **关键词**

暂予监外执行　实质审查　应急处置　跨省联动协作

◆ **要旨**

在押人员突发危重疾病的,检察机关要及时对病犯变更执行措施,保障在押人员生命健康权益,要严把暂予监外执行关口,严防违规违法情况的发生。同时,暂予监外执行不是工作的终点,检察机关应当协调多方,打通跨省执行堵点,兼顾监督的法律效果和社会效果。

◆ **基本案情**

罪犯步某某,2022年2月16日因犯掩饰、隐瞒犯罪所得罪被区法院判处有期徒刑三年,并处罚金人民币2万元,刑期至2024年10月19日止。2022年4月19日,步某某在看守所羁押期间突发急症被送往医院救治。区检察院在接到病情通报后的 30 个小时内即完成病情全面审查，向区法院发函建议尽快启动暂予监外执行提请审查程序。区法院于 4 月 24 日决定对罪犯步某某暂予监外执行。

◆ 检察机关履职过程

线索发现：罪犯步某某于 2022 年 4 月 19 日突发疾病，区看守所将其送往医院治疗。因步某某病情严重，区看守所拟对其启动暂予监外执行程序，并将上述情况通报区检察院。

调查核实：2022 年 4 月 19 日，区检察院接报后，同步启动调查核实程序。一是接报后当即致电陪护民警，了解病情及治疗情况。二是调取步某某的《检查报告单》《病情说明书》等病史材料。在暂予监外执行提请审查程序正式启动前，征询市检察院技术处法医专业意见，完善医学检查项目。三是根据市检察院法医意见，要求看守所对步某某加做心衰指数检查。次日，检查结果显示步某某 B 型钠尿肽（BNP）值 2049pg/ml（心衰指标，正常参考范围 0—100pg/ml），超出正常指标 20 余倍，右侧心功能不全（急性）且 NYHA 三级以上。四是根据步某某的医学检查结果，其符合《保外就医严重疾病范围》第三条第一款的疾病范围。2022 年 4 月 21 日，区检察院向区法院制发处理意见函，建议依据罪犯保外就医疾病规定和程序要求，尽快启动对步某某暂予监外执行的提请审查程序。区法院采纳意见，于 2022 年 4 月 24 日启动对步某某的暂予监外执行程序。

监督意见：区检察院经审查后认为，步某某经心脏超声、验血等医学检查，被诊断患急性右心衰，经规范治疗未见好转。根据最高法、最高检、公安部、原卫计委印发的《暂予监外执行规定》附件《保外就医严重疾病范围》第三条第一款，步某某的病情属于适用保外就医的疾病范围，符合暂予监外执行条件，遂向区法院制发同意暂予监外执行检察意见函。

监督结果：区法院于 2022 年 4 月 24 日对步某某作出暂予监外执行决定。区检察院积极协调公安、司法及步某某居住地司法局等职能部门消除执行障碍，并协助步某某家属自外省市抵沪，给予步某某来自家属的关怀照料，让步某某感受到司法的温度。

◆ 典型意义

监管场所内罪犯突发危重疾病，因所内医疗条件有限，为保障罪犯得到更好的救治，亟须变更刑罚执行方式。检察机关在不放松对案件实质审查的情况下，兼顾了罪犯及其家属的亲情需求，维护刑罚执行公平正义的同时，也体现了检察温度，最终实现检察监督法律效果和社会效果的统一。

一、督促监管场所全面有效维护在押人员合法权益

检察机关应当全面清查监管场所隐患，有效维护在押人员的合法权益。在看守所采取全封闭勤务模式的情况下，检察机关应当调整工作重点，提高对监管场所突发情况的应急处置能力；强化与监管场所的信息日通报制度及信息研判，运用电话通信、远程视频等信息化方式，加强对监管场所的检察监督。

全面清查隐患，保障在押人员人身安全。在押人员的人身安全是保障其合法权益最重要、最关键的因素。为全面保障在押人员的人身安全，检察机关应当督促监管场所开展全面细致的清查活动，及时查漏补缺，杜绝违禁物品存在；督促监管场所加强监控和巡视，帮助建立健全安全预警机制，对可能存在的安全隐患及时进行监测和处理，从源头保障在押人员人身安全，确保监管场所的安全与稳定。

强化医疗卫生监管，保障在押人员健康权益。检察机关应当督促监管场所对在押人员的健康状况逐一进行摸排和风险评估，检查所内药物配备、医务人员配置、医疗应急处置预案情况；依据法律规定，按期对在押人员进行身体健康检查，准确掌握其身体健康状况，确保在押人员在突发紧急情况时能够得到及时的医疗救治；加强对在押人员饮食和卫生的管理，要求看守所每天对在押人员的饮食和卫生状况进行全面检查并及时清理，有效保障在押人员的饮食和卫生安全。

关注心理需求，促进监管场所内生稳定。在押人员的心理健康状况同样是保障其合法权益的重要内在因素。为确保在押人员的心理健康得到充分保障，检察机关督促看守所加强对在押人员心理健康的关注，开展谈心谈话工作，加大对在押人员诉求处理、谈话教育等工作力

度，切实掌握其心理状况和思想动态，帮助其缓解心理压力，切实保障在押人员身心健康，及时化解矛盾，促进内生稳定。

二、做实做细对暂予监外执行案件的实质审查工作

检察机关应当对暂予监外执行案件开展实质审查，确保刑罚执行的公平公正。对拟暂予监外执行的案件，应当充分运用实地走访、调取材料、技术性审查等多种调查核实方式，必要时借助法医、医师等具有专门知识人员的专业力量，对案件的风险点进行全面审查。

抓住关键重点，强化对原始病情资料的审查。检察人员办理暂予监外执行监督案件时，应当对病情诊断所依据的原始资料内容进行重点审查，包括罪犯以往就医资料、病情诊断所依据的体检记录、出院小结、影像学资料、化验单、病历等，判明原始资料和病情诊断的真伪、证明力等问题。同时，检察人员对病情资料产生的程序也应当开展重点审查，根据《暂予监外执行规定》第九条的规定，医院出具的病情诊断或者检查证明文件，应当由两名具有副高以上专业技术职称的医师共同作出，经主管业务院长审核签名，加盖公章。检察机关经审查发现疑点的应进行调查核实，确保病情资料真实可靠。

借助专业力量，促进病情审查精准化。根据《暂予监外执行规定》第五条第一款的规定，罪犯可以暂予监外执行的情形之一为患有属于本规定所附《保外就医严重疾病范围》的严重疾病，需要保外就医的情形。司法实践中，负责直接办理暂予监外执行监督案件的检察人员一般缺乏专业医学知识，尤其对病情是否符合《保外就医严重疾病范围》等关键性问题缺乏专业判断。因此在办理暂予监外执行监督案件时，检察人员可以委托检察技术人员对鉴定意见等技术性证据或原始病情资料进行审查，或聘请法医、社会医疗机构的医师等有专门知识的专业人员为病情审查提供科学专业的意见参考，为查明案件事实，开展精准监督提供依据。本案中，检察人员经征询市检察院技术处法医专业意见，进一步完善对步某某的心衰指数检查。检查结果显示步某某心衰指标超出正常指标20余倍，最终判定其属于《保外就医严重疾病范围》规定的保外就医范围，为案件的顺利推进奠定了扎实的证据基础。

三、检察监督注重法律效果与社会效果相统一

检察机关应当兼顾监督的法律效果和社会效果。全面依法治国最广泛、最深厚的基础是人民,推进全面依法治国根本目的是依法保障人民权益。检察机关办案不能就案办案、机械办案,既要精准把握立法原意和司法政策,实现个案公平正义,又要注重从当事人和人民群众的感受出发,想问题、抓办案,具体案件具体分析,充分回应社会关切,通过法律监督增强人民群众对司法公正权威的认同。

罪犯被暂予监外执行不是案件办理的终点,落实好后续执行工作,让罪犯感受到司法温度才是检察监督的应有之义。检察机关启动跨省联动协作,一方面,积极协调公安、司法等职能部门,畅通来沪通道,协助家属自外省市抵沪,给予罪犯来自家属的关怀照料,体现了司法温情。另一方面,通过跨省工作协作机制,与罪犯居住地司法局,就文书送达、入矫办理、人员转运等关键问题预先达成共识,消除执行障碍,保障刑罚的正确执行。

◆ **相关规定**

《中华人民共和国刑事诉讼法》第二百六十五条

《暂予监外执行规定》第五条、第八条、第九条及附件《保外就医严重疾病范围》

◆ **办案札记**

暂予监外执行作为一项重要的刑罚执行制度安排，体现了我国宽严相济的刑事司法政策，既满足了惩罚犯罪的社会需要，也充分彰显了我国刑罚的人道主义精神。但近几年违规违法的情况时有发生，这一通道就成了个别人逃避法律制裁的"后门暗道"。因此，暂予监外执行程序的启动和适用有着比以往更加严苛的判断标准和要求。病情不等人，在向院党组汇报后，承办人立即启动应急处置预案，调取相关病史资料开展审慎核实，加班加点推动办案进程。案件办理的过程虽然充满波折，但是最终维护了在押人员的合法权益，取得了良好的办案效果。

一是依托社会力量保障刑罚执行具有必要性。2020

年7月,《中华人民共和国社区矫正法》及其实施办法正式实施。根据《中华人民共和国社区矫正法》及其实施办法的相关规定,"暂予监外执行的情形消失后,刑期未满"是暂予监外执行社区矫正对象收监执行的重要情形。实践中,这一情形主要依靠社区矫正机构来评判,由检察机关监督,但这一情形的判断存在很大的障碍。根据《中华人民共和国社区矫正法实施办法》第二十四条的规定,暂予监外执行对象应当每个月报告本人身体情况;保外就医的,应当到省级人民政府指定的医院检查,每三个月向监管机关提交病情复查情况。检察机关和社区矫正机构虽然能通过书面材料"掌握"暂予监外执行对象的身体情况,但因对象病情各异,检查并不具有针对性,即使是专业人员也难以对罪犯是否继续符合暂予监外执行条件作出准确判断,何况是不具备专业知识的检察人员及社区矫正工作者。

为突破社区矫正监管和检察监督的医学障碍,检察机关应当提升执法理念和执法标准,凝聚检察、司法、医疗机构三方合力,依托医疗机构的专业力量,构建由医疗机构提供专业检查、医学咨询、组建医师队伍,司法行政机关负责组织开展，检察机关全流程同步监督的常态化病情复查工作机制。暂予监外执行的情形消失的，检察机关应督促司法行政机关及时启动收监程序，防止应收未收、"一保到底"情形的发生。

　　二是听证程序可以成为暂予监外执行公平公正的有力保障。暂予监外执行案件中适用公开听证程序，是检察机关广泛听取罪犯、具有专门知识的人员、社区矫正机构、人大代表等各方对罪犯是否符合暂予监外执行条件进行陈述、质证、辩论的程序。听证程序展现了公平正义的法律价值。

　　邀请医师、法医作为具有专门知识的人参与听证程序，可以帮助检察机关从医学专业角度充分了解罪犯的病情是否符合暂予监外执行条件，弥补检察机关在专业知识方面的不足。邀请人大代表、政协委员等第三方参与听证程序，能为检察机关提供更加客观的意见建议，也是社会公众监督检察工作的直接途径。暂予监外执行的检察听证以公开方式进行，可以在极大程度上促进检察监督的公开化、透明化，使暂予监外执行案件的办理公平、公正、公开。

三是对暂予监外执行进行系统性监督。从征询到执行，实现监督的"全程性"，保障刑罚依法正确执行。检察机关办理暂予监外执行提请审查案件，对决定进行监督，只是暂予监外执行流程中的一个环节，落实好执行工作，推动相关工作机制优化完善是检察监督工作的重要目标。

检察机关应当加强暂予监外执行环节的检察监督。依据社区矫正的有关规定，抓住交付执行、日常监管、病情月报告、病情复查等环节，监督有关机关做好罪犯的交付、接收等工作。加强对社区矫正机构对暂予监外执行罪犯日常监管活动的监督，督促社区矫正机构对罪犯进行法治、道德等方面的教育，增强其法治观念、在刑意识，提高其道德素质和社会责任感，帮助其融入社会，预防和减少犯罪。督促社区矫正机构加强对罪犯病情治疗、病情复查等情况的监管，监督暂予监外执行对象及时提交身体情况报告、检查报告等病情资料，全面跟进掌握对象病情，对于不再符合暂予监外执行条件的对象，及时启动收监执行程序。

建立检察机关与暂予监外执行决定机关、社区矫正机构等相关职能部门的沟通协作机制。通过召开联席会议，构建定期通报机制，研商重点、疑难个案的解决方案，完善工作制度与职责，建章立制，确保社区矫正工作有序落实，实现对暂予监外执行的全程监督。针对个案背后反映出的普遍性、倾向性问题，检察机关可以通过制发检察建议的方式开展监督，实现从个案监督到类案指引再到机制建设的监督层级提升，推动暂予监外执行工作机制的优化完善，为实现更高层次的社会治理现代化贡献检察智慧。

承办检察官：孔雁
案例撰写人：张琪

"网络+物流"模式贩卖新类型毒品案件剖析
——惠某、何某某贩卖毒品案,唐某某洗钱案

◆ 关键词

物流信息　电子数据　洗钱犯罪　立案监督　社会治理

◆ 要旨

检察机关办案过程中应注重对案件关联犯罪线索的审查,对于可能涉嫌犯罪的,应及时进行法律监督并引导侦查机关调查取证;对于利用寄递渠道实施犯罪的,应当充分运用物流信息记录及电子数据证据等客观证据证明案件事实,排除辩解,有力打击、震慑犯罪。同时,注重发挥检察机关在社会治理方面的职能作用,引导相关职能监管部门找准问题症结,督促堵漏建制,达到"办理一案、治理一片"的社会效果。

◆ 基本案情

2021年1月至4月,被告人何某某分别与惠某、晁某某等人(均另案处理)约定,由惠某、晁某某等人负责招揽买家,何某某本人或安排唐某某使用虚假身份注册的快递账号,将氟硝西泮、三唑仑等国家管制的精麻药品通过寄递方式贩卖给王某等70余人。

被告人唐某某明知何某某为谋取不法利益将国家管制的精麻药品贩卖给他人,仍于2021年4月至5月,将本人的收款码多次提供给何某某用于收取毒资。

公安机关于2021年5月20日在山东省某市将被告人何某某抓获,并当场查获其随身携带、尚未售出的第一类精麻药品三唑仑238粒(共计59.5mg)、第二类精麻药品氟硝西泮140粒(共计280mg)。

◆ 检察机关履职过程

一、梳理案件,引导公安追诉漏犯

2021年2月至4月,区检察院在办理关某某走私毒品等多起案件时发现,被告人关某某等人多次通过网络从国外卖家购买国家管制的精麻类药品，但收到的大部分药品都是从山东某市快递邮寄点由名为"田某某"的人寄出。承办检察官认为，该"田某某"可能利用不同账号在多个平台及群组发布有关售卖进口、国产精麻药品的信息，并活跃于山东省某市，而该"田某某"的具体身份极有可能是境外精麻药品的国内分销商。

区检察院随后将该"田某某"的相关身份信息、交易信息、账号信息等线索移送公安机关，并提出针对性的取证要求：一是赴山东某市快递邮寄点核实该"田某某"身份情况，并调取该"田某某"的全部快递寄送记录；二是对该快递寄送点负责人开展询问及辨认工作；三是对上述账号开展调查，要求确认账户信息及钱款往来记录。公安机关经侦查，确认该"田某某"的真实身份就是本案的被告人何某某，并通过对物流信息的调取核实，证实其利用"田某某"身份注册快递会员账号，寄件记录达到130余条，随即以何某某涉嫌贩卖毒品罪移送审查起诉。

二、补充侦查，完善案件证据链条

区检察院在审查案件中发现，何某某具有较强的反侦查意识，到案后对其贩卖毒品的事实拒不供认，并辩称其不明知涉案药品系毒品。

区检察院通过自行委托司法鉴定，对何某某、惠某的多部涉案手机数据进行恢复提取。通过对大量恢复数据的梳理比对，发现何某某的手机备忘录、多个境内外聊天软件中曾经保存了大量关于氟硝西泮、三唑仑等药物的使用说明、广告和订单信息，其还在搜索软件中多次搜索过关于氟硝西泮等药物"属于毒品""构成犯罪"等网页信息，证实何某某主观上明知其贩卖的氟硝西泮等药品系毒品。而通过数据恢复提取到的何某某与惠某的聊天记录，则完整地证实了何某某与惠某合伙贩卖毒品，其中惠某负责招揽买家，何某某负责寄递药品，二人定期结算毒资的事实。

综合上述证据，区检察院以被告人惠某、何某某构成贩卖毒品罪，且多次实施犯罪，情节严重，向区法院提起公诉。区法院于2021年10月27日以贩卖毒品罪，判处被告人惠某有期徒刑三年，并处罚金人民币6000元；判处被告人何某某有期徒刑三年六个月，并处罚金人民币8000元。何某某于庭审期间认罪认罚，何某某、惠某均未提出上诉。

三、立案监督，打击关联洗钱犯罪

区检察院在办理毒品案件时，坚持落实"一案双查"工作机制，注意对同案关系人、资金交易往来证据的审查。在对涉案快递寄送点负责人复核询问时发现，另一男子唐某某于2021年3月至4月亦曾使用"田某某"的账户在该快递点寄送快递。同时，在对何某某账户进行筛查时发现，2021年4月至5月，唐某某多次小额转账至何某某账户，而唐某某转账的时间、金额与何某某贩卖毒品的时间、金额高度吻合。经询问，唐某某称其受雇于何某某，负责在涉案快递点寄送快递并提供账号收取钱款，在发现何某某要求其寄送的快递内容物是违禁药品后，仍继续将自己的收款二维码提供给何某某，多次帮助何某某收取毒资。

区检察院于2021年9月28日监督公安机关对唐某某涉嫌洗钱罪立案侦查，公安机关于2021年11月18日立案。2021年12月20日，区检察院以唐某某构成洗钱罪向区法院提起公诉，区法院采纳区检察院的量刑建议，一审判处被告人唐某某有期徒刑六个月，缓刑一年，并处罚金人民币 2000 元。

◆ **典型意义**

根据区检察院近六年的毒品犯罪案件统计情况，毒品种类已从传统毒品如海洛因、大麻等转向新型毒品如精麻药品等，毒品交易方式也从当面交易转为网上支付并通过寄递伪装交付毒品。同时，为了逃避侦查和网络监管，涉毒人员均使用境外软件交流沟通、利用境外账户收取毒资。本案就是这样一起典型的以"网络＋物流"模式出现的多人贩卖新类型毒品案件，该模式具有犯罪隐蔽性强、证据易毁损灭失、涉案人员多、社会危害大等特点，给侦办工作带来新的挑战。

该起案件办理过程中，针对案件规律特点，检察机关注重对审查中关联线索的甄别审查和深挖，充分运用物流信息证据、电子数据证据击破犯罪嫌疑人辩解，精准有力打击犯罪，同时注重延伸办案效果，针对办案中发现的问题及时向相关部门提出建议，推动建立长效机制。

一、针对寄递渠道毒品犯罪类案件的规律特点，重点审查关联物流信息，深入挖掘犯罪线索

毒品类犯罪链条多、隐蔽性强，特别是在当前"网络+物流"的新型模式下，检察机关在办理关联类案时，应注重对高度重合指向性的重点人员、关联物流信息记录以及账户交易线索的审查和梳理，挖掘案件中隐藏的犯罪线索，及时将线索移送侦查机关并引导侦查机关有针对性地收集、固定证据，精准打击犯罪。

检察官在办理部分走私毒品犯罪案件时发现，在已办案件中，多名被告人多次在中国境内通过寄递方式向他人购买国家管制的精麻药品，寄件人信息几乎一致。检察官便要求公安机关前往寄件地址所在省市，调取物流公司备案信息，挖掘出本案相关人员田某某、张某某等人，再通过进一步梳理任务关系网络，最终成功挖掘出本案的被告人何某某。

二、充分利用电子数据证据，完善证据链条，精准打击犯罪

涉及精麻药品的新型毒品犯罪，涉案毒品具有药品属性，犯罪嫌疑人也以此作为辩解。案件办理过程中应注重收集电子数据等客观证据，尤其是关于涉案毒品的搜索记录、聊天记录以及犯罪嫌疑人发布的使用说明、广告信息等证据，证实犯罪嫌疑人对毒品种类、性质、用途的主观明知，精准有力地打击犯罪。

本案中的被告人何某某具有较强的反侦查意识，并且始终辩称不明知涉案药品国家管制的属性。检察官便从何某某下家的手机电子数据着手，根据已经通过技术手段恢复的下家手机聊天记录、群记录等，以及何某某本人供述的用户名信息，梳理出由何某某在各个群组中发布的有关涉案药品的广告及使用说明。在讯问过程中，将何某某发布的涉案药品使用说明作为重点内容，并要求其对内容进行合理解释。此外，通过全方位梳理手机各类软件信息，检察官发现一份均系代号的表格文件，经与何某某发出的包裹收件人信息交叉对比，最终破解代号所隐藏的交易内容，进一步佐证了何某某多次贩卖毒品的行为。

三、注重全链条打击，严厉打击关联涉洗钱犯罪，做到除恶务尽

毒品犯罪作为高度资金依赖型犯罪，通常犯罪活动过程伴随频繁资金流转,在案件办理过程中需要仔细审查案件涉及的同案关系人、涉案账户及相关资金往来情况,尤其对可能涉及犯罪的相关资金往来进行审查、甄别,及时发现第三人"提供账户"及其他掩饰资金性质的行为,对构成洗钱犯罪的,监督公安机关立案侦查,以实现对该类犯罪的全链条打击。

检察官根据梳理出的物流信息、药品价目明细、"账目"内容,逐一核对买卖双方的交易情况,从而发现被告人唐某某在本案中的地位不仅限于"帮忙发货"的小工,而充当了"提供账户""掩饰资金性质"的角色,最终成功立案监督唐某某洗钱案并获法院判决。

四、注重社会治理职能发挥,延伸检察办案效果

在办理类案过程中,检察机关应结合相关案件,开展多领域、多层面、多渠道的法治宣传,如召开新闻发布会,向相关行业主管部门、企业制发检察建议等;同时发挥检察机关社会治理的职能,引导相关职能监管部门将"三项制度"严格落实到位,发现违法犯罪线索及时报告,引导企业加大对违禁物品的宣传力度,提升从业人员的辨识能力、法治意识。一是引导侦查机关健全易制毒化学品制度、重点关注物品的网上信息发布制度；二是敦促区域内物流运营单位依法依规落实客户身份、物品信息登记和备查制度，对未实名登记、个体包装标识不清、电子识读标签破损、物证不齐不符的易制毒化学品，责令运营单位不得承揽承运，并立即向禁毒部门报告，实现"破小案、打团伙、除网络、清隐患"；三是建议企业全面落实对物流寄递人员的入职背景审查制度，加强从业人员的禁毒知识教育轮训，压实企业主体责任，从源头上形成打击犯罪的合力，堵塞漏洞，守护寄递安全，提升人民群众的安全感、满意度。

◆ 相关规定

《中华人民共和国刑法》第一百九十一条、第三百四十七条

《中华人民共和国刑事诉讼法》第十五条、第一百七十四条

◆ 办案札记

近年来，日新月异的网络和现代物流技术，大大加

强了各个城市甚至国家之间的商品传递和交流，但新的毒品犯罪模式也应运而生："虚拟身份""境外软件""单线联系""人货分离""金字塔式非接触交易"这些从前只会在影视剧中出现的情节，现在也在人们身边悄悄上演……

仅 2021 年上半年，区检察院第二检察部办理的通过寄递方式走私、贩卖精麻药品的案件数量就达到了 49 件，超过了过去三年同类案件的总和。检察官在审查走私毒品案件时，总在想从境外购买叫走私，那在案 10 多名嫌疑人多次从境内购买精麻药品该如何处理？境内毒品的来源又在哪里？作为打击犯罪维护社会公共安全的检察官，是不是能做得更多一些？

一、与时间赛跑，抢先按下毒品犯罪停止键

就案办案的话，从境内购买少量精麻药品并不构成犯罪，而且上家身份不明，快递包装早已灭失，大可不必深究。但从这些嫌疑人的手机聊天记录来看，涉案药品极易引发强奸、抢劫等严重犯罪，选择无视会导致更多的精麻药品流向社会。检察官逐一查询收件人姓名、代号、身份证号码、手机号码、收件地址等收件信息，

要求公安机关逐单逐件倒查源头。

二、追捕漏犯，掀起毒品链条隐形衣的一角

经过对比涉案药品来源，检察官发现绝大部分涉案快递寄件方都是"田某某""某快递站"，便将这些看似没有关联的信息串联了起来。但"田某某"与检察官手上的嫌疑人并没有直接的经济往来与聊天记录。所以检察官有理由怀疑，"田某某"是涉案药品的"源头工厂"，利用与其长期合作的"分销商"，在多个平台及群组通过寄递手段售卖精麻药品。

三、交叉比对，资金流解锁毒品金字塔之谜

高度依赖资金，是"人货分离"型毒品犯罪的特点，也是弱点之一。检察官重新梳理了涉案账号、资金流向、交易明细及人员身份等相关信息，发现买家的资金大多流向几个固定的上家账户，而这几个上家的资金又流向一个叫"何某某"的人。资金流向与毒品流向不一致？于是检察官要求公安机关回到所有案件的源头——快递发货点。在站点工作人员的配合下，终于确定系何某某利用"田某某"身份，向全国寄递含有精麻药品的快递多达130余单。

四、电子数据，正邪之间比拼技术与证据

到案后，何某某拒不供认犯罪事实，提出不明知涉案药品是毒品的辩解。境外软件"阅后即焚"、毒品不流转、上下家不见面，证实何某某贩卖毒品的证据链大量缺失。面对事实不清、证据不足的僵局，检察官决定开展自行补充侦查，调取了何某某及下家惠某、晁某某的多部手机，委托技术部门对手机内容进行了恢复提取。在经常被忽视的备忘录、日历、隐藏文件、删除文件中，发现了大量涉案药物的广告、订单信息和使用说明，其搜索软件中还有涉案药物是否"属于毒品""构成犯罪"等网页信息。这些证据彻底让何某某打造的这条覆盖全国的精麻药品贩卖链无所遁形。

五、监督立案，一网打尽毒品犯罪与洗钱犯罪

何某某的手机中，还保存着一张唐某某的收款码，相关账户也反映出了其二人异常的经济往来。检察官坚持落实毒品案件"一案双查"工作机制，通过对各层级转账金额的测算与统计，推算出何某某与其同伙约定的"成本""报价""利润"。唐某某虽然多次收取毒资再转账给何某某，但资金流转却不存在差额。检

察官遂以唐某某涉嫌洗钱犯罪监督公安机关立案。

人民法院先后以何某某、惠某、晁某某犯贩卖毒品罪，唐某某犯洗钱罪，分别判处有期徒刑六个月至三年六个月不等的刑罚。

治罪，是检察官对法律的坚持；治理，更是新时代检察官的担当。检察官从几个孤立的小案，挖掘出一条覆盖全国的贩毒、洗钱犯罪链。深挖线索、追捕漏犯、自行补侦、立案监督，实现全链条打击、宣传，这每一项工作的背后，都是检察官履行法律监督职能的务实行动，都是为了让违法犯罪无处遁形，让社会安全稳定，让人民群众幸福安宁。

承办检察官：黄春笑
案例撰写人：黄春笑、阮舒青

大数据赋能完善"下行案件"检察监督机制

◆ **关键词**

刑拘下行　数据共享　法律监督

◆ **工作情况**

2022年，区检察院紧紧围绕最高院、市检察院大数据战略部署，结合区检察院立案监督线索缺乏的难点和堵点，聚焦公安机关"下行案件"这一重点领域，跨部门联动，促进业务数据的共享、共治、共用，切实解决法律监督线索发现难、监督工作碎片化等问题，推动刑事诉讼监督工作高质量发展。

区检察院认真分析"下行案件"的特点，整合现有资源，打破内外部数据壁垒，实现检察机关与公安机关以及检察机关内部各部门间的数据共享，由第一检察部牵头，刑检部门、监所部门以及案管部门联动，依托羁押场所数据共享平台，获取2021年区看守所出入所人员名单，将出所人员名单与统一业务应用 2.0 系统的受理案件信息进行比对（共计 4000 余人），通过大数据比对，发现公安机关刑事拘留后下行处理 280 余人。区检察院侦查监督与协作配合办公室根据初步筛查的线索，通过公安机关执法办案系统对 280 余名人员的涉案及证据情况进行摸排，查阅办案流程和卷宗材料，对具体个案逐案排查。经过初步核查，67 人已经转行政处罚、撤销案件，118 人仍在侦查中，23 人尚不足以构成犯罪。

区检察院对上述监督线索进行梳理，重点关注其中是否存在不应当立案而立案、压案不查或者不当撤案等情况，将其中可能存在立案不当的 23 人移送相应刑事检察部门仔细审查，已经依法监督公安机关撤销案件 10 件，终止侦查 13 人。

◆ 工作机制

一、强化公检沟通交流，密切监督衔接规范"下行案件"办理

大多数情况下，刑事案件立案后将经过侦查、批捕、起诉、审判等环节。但也有部分案件，在公安机关立案

侦查、犯罪嫌疑人被采取刑事强制措施后,并未移送检察机关审查,可能一直未作处理,可能侦查进展艰难,也可能撤销案件等,在司法实践中这些案件被称为"下行案件"。从侦查角度看,一定量的下行案件符合执法办案规律,但如果数量较多的话,表明执法办案质量存在隐患,也存在变相侵害犯罪嫌疑人权益的可能。因此,不管是公安机关内部,还是履行法律监督职能的检察机关,都对下行案件重点关注。

对于如何及时发现下行案件,掌握下行案件侦查进程、规范下行案件的办理,区检察院与区公安分局进行充分沟通协商,在对各自办案数据进行梳理的基础上,通过对公安机关与检察机关就案件办理流转的分析,决定共享公安机关羁押场所人员出所信息及检察机关受理审查逮捕、审查起诉案件信息,通过数据的比对、碰撞,从公安机关的大量案件中准确发现下行案件情况,从而做到精准研判、重点评估。在发现下行案件线索后,区检察院与区公安分局密切监督衔接,将检察机关法律监督与公安机关内部执法监督相结合,督促下行案件的后续办理,规范办案部门的执法、司法活动,充分保障了案件当事人的合法权益,实现多赢、共赢。

二、聚焦监督难点,实现部门数据共享和联动

传统的监督方式是各部门根据自身的需要开展工作,对于部门间的数据联动重视不够。区检察院经过分析认为,监督公安机关不当立案的关键在于掌握立案数据,但公安机关办案系统数据庞杂,且筛查和分析功能模块不成熟。而刑检部门、执检部门与公安机关对接部门的不同,造成不同部门掌握不同的信息情况,在各自履行法律监督职责的情况下,难免造成监督的盲区。

区检察院在总结上述情况后,通过打破部门壁垒、整合部门数据信息,刑事检察部门与刑事执行检察部门联合,实现部门数据共享和联动。刑事执行检察部门从羁押场所数据平台提取的出入所人员着手,结合刑事检察部门掌握的检察办案系统的受理案件数据,梳理出公安机关采取强制措施但未移送审查逮捕或者起诉的人员名单,梳理监督线索。通过对现有资源的分析、整合、挖掘来发现新的监督点,进一步提升了法律监督质效。此次探索通过部门的联动、衔接,实现了职能互补,解

决监督线索来源单一、获取方式被动的问题，一定程度上解决了线索获取难的问题。

三、发挥侦查监督与协作配合办公室的纽带作用，通过数据共享提升监督效率和效果

区检察院在建立侦查监督与协作配合办公室时，与公安机关建立数据共享机制，明确规定了公检信息共享，为公检信息互通、共享提供了制度保障。根据公检信息共享制度，检察机关可以登录公安办案系统，查询办案进展和证据材料，为开展法律监督工作打下了良好的基础。侦查监督与协作配合办公室作为信息共享的执行机构，承担着公检信息交流的职责，是增强公检互信、互通的纽带。此次专项监督工作依托侦查监督与协作配合办公室，由常驻检察官对获取的数据线索进行逐案调查核实，研判确定监督案件；在确立监督线索后，及时与公安机关沟通，监督其及时撤销案件或者终止侦查。数据共享，一方面使公检信息交流更为通畅，有利于统一公检双方认识，提高办案质效；另一方面也使检察机关法律监督窗口前移，及时发现案件侦办过程中存在的问题。如通过这次专项行动，区检察院还发现公安机关侦查办案周期过长的问题，平均办案周期超过 180 天，最长达到 1180 天。不少案件取保候审后长期待办、挂案，缺乏有效的督促机制，办案效率不高。为此，区检察院和公安机关共同会签了有关意见，对取保候审案件的办案期限进行了规制，要求简单案件应当在 2 个月内侦查终结，复杂案件应当在 6 个月内侦查终结，如果不能侦查终结的，应当提请检察机关介入。

四、以规范提前介入工作提升案件办理质效，共同做优刑事"大控方"

区检察院依托侦查监督与协作配合办公室加强协作配合，落实好重大敏感案件提前介入等工作机制。更加注重提前介入的规范性和及时性，办公室常驻检察官在日常工作中就能够发现需要提前介入的案件并对接具体办案部门，并且设计了书面提前介入流转表，明确提前介入案件所附材料，力争从源头上提高刑事案件办理质效，节约诉讼资源。对于情况紧急的，可以将办案关口前移，直接在办公室驻点听取案情介绍、审查案件证据、参与案件讨论，并就取证重点、程序规范、罪名适用等问题实时提出意见，有力延伸侦查监督触角，切实加大了提前介入力度，实现了全流程监督办案。

在此次专项监督活动中，常驻检察官通过查询公安机关执法办案系统，有针对性地查看案件卷宗、了解案件情况，确定了几起需要继续侦查的重大案件，并移送刑事检察部门提前介入，引导侦查，通过提前介入工作，为公安机关案件侦办提供指引、方向，提出补充侦查、固定证据的建议，有力推动了案件办理进程。例如，在一起套路贷案件中，一名报案人控告套路贷诈骗，但能提供的线索很少，导致犯罪嫌疑人先被刑拘，后又被取保候审，超过6个月尚未侦查终结，侦查陷入僵局。常驻检察官发现了这起案件后，经与公安机关协商，邀请刑检部门介入。刑检部门介入后，指派经验丰富的检察官审查，明确提出侦查取证意见和建议。例如，从犯罪嫌疑人入手调取其他类似民间借贷诉讼案卷材料、查清犯罪嫌疑人借贷资金的来源及去向、借贷中介的关系网等。最终，这起案件从最初的1名被害人2名犯罪嫌疑人，扩展为6名被害人7名犯罪嫌疑人，并且挖出了一个套路贷、恶势力犯罪团伙。

◆ 工作设想

检察机关实现内外部数据的共享和联通是开展法律监督工作的重要抓手,以数据共享促检察履职,激发数据的生产力作用,有效解决监督线索来源单一、数量不足难题,促进检察监督质效实现飞跃。一是做好"刑拘下行案件"的长效监督,把周期性的数据碰撞作为一项常规工作,通过大数据分析手段提升检察监督质效。二是探索取保候审后下行案件监督,通过分析取保候审下行案件特点,探索数据分析模型,确保检察监督对下行案件的全覆盖,充分保障案件当事人的合法权益。三是做好监督衔接工作,通过数据共享、互通分析结果、交流监督意见等方式,实现检察机关法律监督与公安机关执法监督的密切衔接,实现对公安机关执法办案的全方位监督,与公安机关一道提升执法司法规范化水平,提高刑事案件办案质效,让老百姓在每一起案件中感受到公平正义。

◆ 办案札记

《中共中央关于加强新时代检察机关法律监督工作的意见》就检察机关对侦查活动的配合与制约提出了新标准、新要求、新使命。最高检和公安部为贯彻落实上述文件精神，于 2021 年 10 月 31 日联合印发《最高人民检察院、公安部关于健全完善侦查监督与协作配合机制的意见》，提出公、检双方应当健全完善信息共享机制，共同牵头设立侦查监督与协作配合办公室，推动提升公安执法和检察监督规范化水平，确保依法履行刑事诉讼职能，努力让人民群众在每一个司法案件中都能感受到公平正义。

《最高人民检察院、公安部关于健全完善侦查监督与协作配合机制的意见》出台后不久，健全完善侦查监督与协作配合机制被列入工作任务。这项工作事关构建规范高效的执法司法制约监督体系。推动建立侦查监督与协作配合机制，协同构建以证据为核心的刑事指控体系，是检警共同做优刑事"大控方"，推动实现刑事案件办理质效提升的切入点和突破口，也是检警机关落实以审判为中心的诉讼制度改革要求的重要措施。

区检察院积极贯彻最高检、市检察院工作部署，立足虹口区司法实践，全力落实侦查监督与协作配合机制。侦查监督与协作配合办公室成立后，已经在多方面发挥了积极的作用：一是业务沟通渠道更为畅通，尤其是重大疑难案件提前介入、研商研判，统一双方认识，提高了案件办理质效。二是切实提升了监督管理实效，有利于前移检察监督窗口，及时发现案件侦办过程中存在的问题。三是加强了双方信息通报共享，方便检察机关了解发案、打击情况，及时反馈检察监督数据、案件判决情况。四是为民警提供办案咨询指导，共同开展业务培训和岗位练兵，促进民警提高业务水平。在工作衔接方面，派驻检察官通过对前期介入指导的案件建立台账和跟踪机制，与承办检察官加强对接，对后续办案中的提请批准逮捕、移送审查起诉等环节，以及可能产生的退回补充侦查，检察意见、检察建议整改落实等方面做好沟通反馈和监督落实工作。对公安机关通过侦查监督与协作配合办公室提出的对立案监督的复议、复核申请，或纠正违法、检察意见异议，要求说明理由等，及时转交至案件承办检察官,督促承办检察官充分听取公安机关提出的合理意见,并及时予以反馈,落实公安机关依法对检察机关制约的权力。

大数据时代,数据模型为检察办案、监督和参与社会治理赋予了新动能。大数据赋能是一种工作方式和技术革新,更是一种观念升级与思路拓展,如何利用好大数据这一"科技翅膀"提升侦查监督与协作配合机制的实效,需要检察机关进一步探索。运用数据模型可以从类案中发现可批量提取并使用的数据要素,如关键词、连接点等,从中归纳出数据特征用以指导实际办案,同时也可以发现存在的问题并及时进行监督。公、检两方存在办案信息数据壁垒,其中的原因既有案件信息数据存在保密要求,也有对检察机关监督存在顾虑,再加上没有明确规定,公、检双方对于办案信息系统权限的开放和使用未达成共识致使尚未建立起一套健全完整的侦查监督与协作配合数据模型。检察机关对公安机关的警情信息、受立案信息、强制措施信息、案件处理信息等仍处于有限获知的状态。办案数据信息共享保障机制还有待健全完善,侦查监督与协作配合数据模型的建立任重道远。

打破数据壁垒，实现跨单位数据共享和协作，是一次多方参与、成果共享的有益探索和尝试，本次专项监督工作以衔接公安机关内部监督为发力点，以下行案件专项监督工作为切入点，开展案件数据信息的共享、交换，以点带面，拓展数据来源。对检察机关自有办案数据加强开发和利用，挖掘潜能，结合已经获取的公安数据信息搭建监督模型，探索大数据监督方式，所形成的数据模型和机制成果不仅有利于提升监督的能力水平，也可以帮助公安机关增强对下行案件的监督，提升了办案效率，双赢的局面不言而喻。区检察院积极推动数据交换信息共享机制落实落细，在严格规范信息查询程序、保障办案信息安全的基础上，以信息化手段保障侦查监督职能全面有效发挥。特别是侦查监督与协作配合办公室成立后，充分发挥公检交流的枢纽作用，切实将侦查监督与协作配合办公室打造为集提前介入、立案监督、侦查活动监督、繁简分流等工作机制于一体的检察"前沿阵地"。同时注重信息共享的安全规范，依托侦查监督与协作配合办公室建立专人查询、专人交换、专人保管、专门登记机制，严格规范检察人员和公安民警查询、获取、使用信息数据的权限和范围，严格落实保密规定，确保信息数据安全。办公室将不断完善工作程序和规范，将《最高人民检察院、公安部关于健全完善侦查监督与协作配合机制的意见》的精神要求落实落细，不断延伸办公室职能，整合、利用好现有数据资源，通过促进数据共享、业务交流、数据碰撞等，高效开展侦查活动监督，切实做好协调配合工作，以大数据赋能检察监督，不断提升虹口区刑事案件执法司法能力和水平，为全市乃至全国侦查监督与协作配合机制建设提供可复制、可推广的"虹口方案"。

承办检察官：侦查监督与协作配合办公室
案例撰写人：刘刚

优化营商环境

电商平台员工非国家工作人员受贿系列案
——治罪与治理并重，有效开展法律监督

◆ **关键词**

追赃挽损　行刑衔接　社会治理

◆ **要旨**

检察机关在办理涉企案件时，在认真审查案件本身的同时，积极挖掘行业"潜规则"的套路，发掘其他犯罪线索以及赃款的线索，通过行刑衔接移送线索和向涉案企业提出检察建议等方式，有效优化营商环境，提升法律服务能级。

◆ **基本案情**

某"潮牌"电商平台于2021年3月24日举报其员工莫某在担任运营经理期间，为品牌商的入驻和运营方面提供帮助并收受好处费，共计人民币（以下币种均为

人民币）280余万元。在区公安分局移送莫某非国家工作人员受贿案后，区检察院通过案卷阅看、讯问犯罪嫌疑人、询问证人以及自行补充侦查，追诉到位3人，刑事处理7人，上述人员被判处有期徒刑六个月至四年不等，其中对3家行贿品牌商，经不起诉听证后依法作出相对不起诉的决定。

在后续的案件办理过程中，发现另有一名员工受贿的犯罪事实，区检察院通过召开听证会进行立案监督，区公安分局遂于2022年11月24日决定立案，后于2023年4月4日经区检察院批准逮捕。

◆ 检察机关履职过程

2021年4月22日，区公安分局对电商平台举报员工非国家工作人员受贿案决定立案侦查。2021年8月25日，该局将莫某非国家工作人员受贿案移送区检察院审查起诉。受理案件后，区检察院对区公安分局提供的证据进行了审查，发现莫某除了自己单独收受好处费帮助品牌方入驻外，还存在与他人伙同的情形。区检察院将此作为补充侦查的抓手，与公安机关、电商平台企业联动，对品牌入驻情况、收受钱款账户相关证据进行完整调取,并引导公安机关向给予好处费的品牌方制作笔录、调取聊天记录等,形成完整证据链。在全面有效打击莫某受贿犯罪行为的同时,区检察院也将其余的涉案犯罪嫌疑人戴某、谢某等人追诉到位,将涉案赃款共计500余万元全部追缴到位。区检察院于2021年至2023年先后移送区法院提起公诉,该院对区检察院提出的指控均予以支持。

在打击犯罪的同时,区检察院注重行业治理,对于电商平台行业可能引发犯罪的风险、隐患进行梳理,先后向区检察院第五检察部、异地市场监督管理局移送违反《中华人民共和国反不正当竞争法》的线索,并提出对涉案企业作相关行政处罚的意见;对3家涉案企业提出业务开展、财务管理等方面的检察建议。上述意见和建议均被采纳。

◆ **典型意义**

本案是一起电商平台员工贪图短时间内获得巨额钱款,而心存侥幸利用自己的职权为品牌方企业提供帮助的系列案件。在办理该系列案件中,检察机关作为国家法律监督机关,力求对案件本身的办理能够客观公正的同时,本着"求极致"的精神,将法律监督的触角延伸到社会治理的各个方面,为经济社会高质量发展提供更加优质的法治保障。

一、搭建模型挖线索,打击贿赂有力度

办案伊始,犯罪嫌疑人莫某辩解收受的钱款系咨询费,非利用职权提供帮助而获取的好处费,但通过涉案人员的收款时间、收款使用他人账户走账、与品牌方的聊天记录以及多个品牌方指证莫某、戴某收取好处费事由的一致性,承办人的释法说理,犯罪嫌疑人不仅自愿认罪认罚,还揭发其他员工同样收受好处费的事实。承办人引导区公安分局、电商平台公司根据莫某提供的线索和莫某的犯罪模式搭建数据模型,梳理涉案人员对接的品牌入驻情况、涉案关系人的银行流水,筛选出涉案人员收受好处费的具体品牌方,经多次与品牌方沟通、核实后,对电商平台其他涉嫌非国家工作人员受贿的人员进行法律监督。在两年内追诉到位3人、刑事处理7人,部分已得到法院的判决支持。该数据模型在莫某案后,成为电商平台公司、公安机关以及检察机关发现犯罪线索的重要工具。2022年11月24日,区检察院通过调查核实,对该电商平台公司的另一员工鲍某立案监督后,区公安分局对鲍某非国家工作人员受贿案决定立案侦查。综上,检察机关通过对案件犯罪手法的剥离和总结,在有效打击犯罪的同时,更有力地挖掘线索,实现从个案办理到类案监督,最后实现系统治理。

二、审查释法齐头并进,追回赃款有实效

区检察院审查办理莫某非国家工作人员受贿案,在深挖犯罪线索的同时,注意对涉案赃款去向的追踪。引导公安机关调取涉案的全部银行流水,对银行流水进行穿透式核查,同时与涉案银行账户的户主进行核实,明确钱款的性质和赃款的最终去向。在掌握上述证据并予以固定后,积极向犯罪嫌疑人及其辩护人、家属开展释法说理工作,在此过程中,对于犯罪嫌疑人在钱款性质上的辩解以及以退赃争取量刑宽缓的诉求,区检察院分别通过冻结涉案账户以及向犯罪嫌疑人及其家属进行普法教育的方式,击破他们的辩解以及法律认识误区,先后将多名犯罪嫌疑人涉案赃款共计500余万元及时追回。

在区检察院全力追赃的同时,也暴露了区公安分局在侦查案件过程中,未对赃款流入的涉案银行账户及时冻结的问题,对此区检察院梳理了近期办理的案件,发现有多起案件同样存在未及时冻结涉案账户的情形,为避免刑事案件中的赃款、被害人的损失无法追回的情况发生,区检察院向区公安分局针对该问题通过制发一类问题检察建议予以监督。区公安分局、区检察院在追赃问题上进一步达成共识,做好互相配合衔接的工作,化被动为主动,将赃款及时追回到位,为后续的收缴赃款、挽回被害人损失提供实际有效的保障。

三、行刑衔接规范,检察工作有温度

本案中犯罪嫌疑人并非公司高管,基本都是基层员工,手中并没有重权,但有着品牌方入驻电商平台的"入场券"。该电商平台的"入场券"却在公司不知情的情况下,在市场上被明码标价。因此虽然本案并非职务犯罪案件,但从职务犯罪案件办理的"行贿受贿一起查"刑事政策的初衷出发,如果没有品牌方起心思行贿"走门道",也就没有员工为了钱财滥用自己的职权"走偏锋",对于品牌方的行贿行为应当同样予以打击。在电商营商环境中，只有电商平台的商品公平竞争上架、择优保留，消费者才能买到有品质、性价比高的商品，整个电商行业才能良性循环发展。因此，在刑事处理电商平台的员工的同时，对于本案中涉案的品牌方，在案件办理过程中，也采取了不同的处理方式，对其中一些小微品牌方，因其涉案金额较低、犯罪情节较轻，鉴于企业及负责人没有前科劣迹，通过公开听证、线上走访等方式督促涉案企业对公司管理、业务开展的相关规程进行整改。与此同时，为实现案结事了，对于涉案企业在本案中存在的不正当竞争的行为，根据对企业的不同刑事处理的情况，会同区检察院第五检察部向企业所属市场监督管理局制发检察意见和检察建议。

◆ 相关规定

《中华人民共和国刑法》第一百六十三条

《中华人民共和国刑事诉讼法》第十五条、第一百七十五条

◆ **办案札记**

这一系列案件始于 2021 年 6 月 18 日区检察院收到的区公安分局提请批准逮捕的莫某非国家工作人员受贿案。承办人刚拿到案件便对《提请批准逮捕意见书》上莫某的犯罪事实惊讶万分：一名网络平台招商部门的普通员工，在短短半年多时间内，收取品牌方好处费竟有 200 余万元。承办人不禁对其手中有怎样至关重要的职权产生疑问。

在多次的讯问、沟通过程中，承办人了解到品牌方公司想要入驻某"潮牌"电商平台，必须先由品牌风格对口的招商部门员工审核通过后将该品牌进行提报，再由公司评审会予以通过。换言之，这些招商部门的员工就拿着这些品牌方入驻的"入场券"，如果他们不通过，品牌方就无法进入后续的环节，更不要提入驻了。品牌商从各个渠道打听到这些"入场券"的价格，这一"用钱买权，用权换钱"的行为严重扰乱了电商平台的市场管理秩序，也逐渐形成了该行业的"潜规则"。因此，检察机关、公安机关、电商平台企业都明白莫某并不是个例，为了整治这一不良风气，承办人将以下两个方面作为办理好这一系列案件的抓手：

一方面是做好打击工作，即"治罪"。"治罪"又从刑事打击到人、赃款追踪到钱两个角度并行前进。一是从一案破套路，追诉到该行业背后的"蛀虫"。莫某为了躲避侦查，借用好友的微信与品牌商沟通入驻、确认收取好处费，并用该好友的银行卡收取好处费，而这惯用的"套路"也是其同事掩人耳目的统一伎俩。从莫某案中总结出的犯罪手法，成为后续挖掘出其他受贿人、侦破犯罪的模型，公安机关能够更快地固定证据，有效地让犯罪嫌疑人从一味地负隅顽抗转变为认罪服法。二是当宽则宽，当严则严。通过对涉案员工不同程度的受贿情况进行区分，对于时间较短、收受好处费金额较小的犯罪嫌疑人，承办人及时启动羁押必要性审查，并对其提出适用缓刑的量刑建议。对于持续时间较长、收受好处费金额较多、认罪态度有所反复的犯罪嫌疑人，承办人提出适用实刑的量刑建议。三是打好办案"组合拳"，鼓励涉案人员积极退赃。在犯罪事实清楚、证据确实充分、涉嫌行为已经构成犯罪的情况下，是否具有法定从宽情节或者酌定从宽情节对案件的处理结果有较大影响。积极退赔就是一个十分重要的酌定从宽情节，这一情节在一定程度上能反映犯罪嫌疑人、被告人的悔罪态度。在追踪到赃款去向的情况下，对犯罪嫌疑人及其亲属做好释法说理的工作，从而严厉打击商业贿赂犯罪，全面追踪收缴赃款，对电商平台行业起到敲山震虎的作用，对其他员工、品牌方公司也具有警示、告诫的作用。

另一方面是做好促管工作，即"治理"。虽然电商行业已在国内非常成熟，但是聚焦于"潮牌"的网络电商，还属于新兴行业。"潮牌"本身聚集、吸引着大量的年轻人，当他们与"来快钱""走捷径"的诱惑碰撞在一起时，便走到了犯罪的边缘。这批年轻人刚开启职业生涯便身陷囹圄，检察机关对该行业进行治理已迫在眉睫。一是"没有买卖，就没有伤害"。在商业贿赂案件中同样如此：没有权力买卖，就不会伤害企业员工的廉洁性，不会伤害商家的公平竞争机会。因此，承办人首先针对涉案给予好处费的品牌方企业开展调查核实，充分了解情况，找准问题根源，向这些企业指出薄弱环节，给出检察建议，并做好后续跟踪督促落实工作。二是对于未达到刑事立案标准的行贿品牌方,虽无法对其进行刑事处理,但其不正当竞争的行为仍应得到相应的行政处罚。承办人广泛凝聚各方合力,将检察机关法律监督同行政机关监督、行业监督、企业自律结合起来,共同促进治理。三是与"潮牌"电商平台公司保持畅通的沟通渠道,加强互通联动、协力规划机制,加强对电商平台行业的治理,有效地达到"办理一件,治理一片"的办案效果,力求落实以检察工作现代化服务中国式现代化。

承办人在办案"求极致"的要求下,履行好检察职责、彰显检察担当,着力在法律监督理念、体系、机制、能力四个方面推进检察工作现代化,构建共建共治共享的社会治理新格局。

承办检察官:盛琳
案例撰写人:许瑜文

检察机关知识产权综合司法保护路径研究
——林某甲等 14 人非法制造、销售非法制造的注册商标标识案

◆ **关键词**

注册商标标识　共同犯罪　完整、独立使用

◆ **要旨**

注册商标在物质载体上出现时，要明确附着物系商品还是注册商标标识，并据此判定适用罪名；为他人实施侵犯知识产权罪提供技术支持，既有主观明知，又有事先通谋、客观行为联系紧密的，应以共犯论处；在同一物质载体上出现多个注册商标标识时，应以完整、独立使用为原则认定犯罪数量。

◆ **基本案情**

自 2019 年 9 月下旬起，被告人林某甲、周某某、陈某某、严某某、吴某甲、徐某某等人未经"得某""P某"

注册商标权利人许可，生产、销售带有"得某""P某"注册商标的纸箱、防伪扣、胶带、鉴定证书等产品或向他人购买上述产品后予以销售。其间，被告人温某某为林某甲生产前述防伪扣、鉴定证书提供便利，制作仿造"得某"品牌的网站并予以维护；被告人丁某某被徐某某雇用为生产主管，帮助徐某某生产前述纸箱。同期，被告人林某乙、刘某某、钱某某、张某某、陈某某、吴某甲从他人处购买前述产品后予以销售。2021年1月16日，各被告人在各自住处、经营场所被抓获，同时公安机关扣押了大量带有"得某""P某"注册商标的纸箱、防伪扣、胶带、鉴定证书等物品。经审计，林某甲等被告人各自待售涉案物品共计3000余件至45万余件不等，各自已售涉案物品共计5万余件至396万余件不等。

◆ **检察机关履职过程**

审查逮捕：2020年12月，区公安分局发现假冒"得某""P某"商标标识的纸箱、防伪扣、胶带、鉴定证书等物品在市场上流通，区检察院在日常信息对接机制中得知后，主动介入侦查，引导公安机关开展取证固证工作。一是调查涉案注册商标的核准使用范围、权利存续现状及是否实际使用等情况,结合本案被告人对涉案注册商标的使用情况,初步将案件定性为非法制造、销售非法制造的注册商标标识案,并引导区公安分局根据该罪的立案标准制订抓捕方案;二是针对查获的胶带上出现大量注册商标标识的情况,引导区公安分局按照完整、独立使用的原则,确定侵权注册商标标识件数,必要时进行侦查实验。2021年2月3日,公安机关对林某甲等14人提请逮捕,区检察院依法批准逮捕12人,存疑不捕1人,相对不捕1人。

审查起诉:2021年7月8日,区公安分局以被告人林某甲、林某乙、周某某、陈某某、温某某涉嫌非法制造、销售非法制造的注册商标标识罪及帮助信息网络犯罪活动罪,被告人钱某某、严某某、徐某某、丁某某、吴某甲、张某某、陈某某、吴某乙、刘某某涉嫌非法制造、销售非法制造的注册商标标识罪向区检察院移送起诉。2021年8月6日,以被告人林某甲、温某某、周某某、陈某某、严某某、吴某乙、徐某某、丁某某构成非法制造、销售非法制造的注册商标标识罪,以被告人林某乙、刘某某、钱某某、张某某、陈某某、吴某乙构成销售非法制造的注册商标标识罪向区法院提起公诉。其中6名被告人在辩护人或值班律师的见证下自愿认罪认罚。

指控与证明犯罪：2021年11月5日，根据知识产权案件集中管辖的规定，上海市杨浦区人民法院对本案依法公开开庭审理。14名被告人及其辩护人对指控的罪名均无异议，被告人均当庭自愿认罪认罚，部分被告人就主观恶性轻、共同犯罪中的作用大小及适用缓刑提出各自辩护意见。公诉人对此答辩：首先，对于各名被告人所具有的法定从轻、减轻及酌情从轻处罚的情节，已在起诉书中予以认定，并在建议量刑时充分考虑；其次，对于非法制造、销售非法制造的注册商标标识达10万件的部分被告人，属于情节特别严重，其行为既侵害了权利人的权利，也对消费者权益造成损害，故不应适用缓刑。合议庭采纳了量刑建议。

处理结果：2021年11月5日，上海市杨浦区人民法院作出一审判决，以非法制造、销售非法制造的注册商标标识罪分别判处被告人林某甲等14人有期徒刑一年至三年不等，并处罚金。判决宣告后，被告人林某甲提出上诉。2022年1月13日，上海市第三中级人民法院经审理，裁定驳回上诉，维持原判，判决已生效。

支持起诉：本案刑事判决生效后，权利人某信息公司拟对林某甲提起民事诉讼，针对林某甲侵犯商标权的行为主张民事赔偿。为了能够更准确地表述侵权事实、认定损失数额及被告行为的恶性程度，权利人向区检察院申请支持起诉。2022年9月9日，区检察院依法向区法院支持起诉。2023年4月20日，区法院对某信息公司诉林某甲商标权纠纷一案依法公开开庭审理。

◆ 典型意义

一、办理侵犯注册商标权案件中，区分了注册商标的不同使用情形，准确认定适用罪名

司法实践中，存在权利人在多个类别注册商标的情形，而在包装材料等类别上使用，存在商品性使用和标识性使用两种情形。当权利人在商品的包装等材料上使用注册商标标识，而相应的包装等材料并不作为商品单独在市场上销售时，该标识本质上只是带有商标图样的用于包装、装饰、美化、说明、宣传商品的物质载体，单纯发挥商标标识的作用，所使用的对象应当认为属于刑法意义上的商标标识。因此，被告人林某甲等人伪造、销售的对象仍属于刑法意义上的商标标识，应当按照非法制造、销售非法制造的注册商标标识罪定罪处罚。

二、对被告人的主观明知、提供网络技术支持的情形，结合是否存在事先通谋准确认定帮助行为的性质

在网络犯罪日益增多、犯罪形态多样的背景下，《中华人民共和国刑法修正案（九）》增设了第二百八十七条之二帮助信息网络犯罪活动罪，以应对网络犯罪新形势、新情况、新挑战。一般认为，帮助信息网络犯罪活动罪性质上是信息网络犯罪帮助行为的正犯化。司法实践中，判断帮助信息网络犯罪活动和被帮助行为是否构成共犯，是较为疑难的问题。在主观要件上，共犯要求共同的犯罪故意，往往表现为事前或事中共谋，主观明知程度较为详细具体，而帮助信息网络犯罪活动罪在明知程度上则是概括的、不确定的；在客观要件上，共犯关系一般较为紧密，而帮助信息网络犯罪活动罪与上游犯罪之间关系较为松散,且常表现为一对多。本案中,温某某依照林某甲指示参照权利人网站的商品信息鉴定页面制作"仿站",通过软件工具"爬取"权利人网站信息,以达到使消费者误认为鉴定证书信息来自权利人公司网站的目的。主观上看,温某某与林某甲具有共同犯罪的事前故意,对所帮助的犯罪行为认知是具体的、明确的,也有事前通谋;客观上看,该网站系为了实施本案犯罪行为而专门设立,用以误导消费者,是整个假冒标识犯罪过程中重要的一环,与本案犯罪活动关系紧密,没有其他合法用途。因此,在主观明知明确的情况下,有事前通谋,为他人提供网络技术支持,应当以共犯论处,而不应认定为帮助信息网络犯罪活动罪。至于是否认定从犯,则需进一步衡量犯罪作用大小、参与程度、违法所得数额等因素。

三、同种物质载体上存在多个注册商标图样的,以完整、独立使用为原则准确认定注册商标标识的数量,进行侦查实验

根据《最高人民法院、最高人民检察院关于办理侵犯知识产权刑事案件具体应用法律若干问题的解释》第十二条第三款，作为《中华人民共和国刑法》第二百一十五条入罪标准的"件"，是指标有完整商标图样的一份标识。这是商标件数计算应满足的形式要件，也是基本要求。司法实践中的情形较为复杂，商标所能呈现的形态复杂多样，如箱包中的包体、内衬、拉锁等地方，都可能存在商标，甚至有的权利人将装饰花纹注册为商标，布满在商品之上。但从商标作为指示商品来源这个本质功能的角度来看，不论权利人在一个商品上设置多少商标标识，可能均指向特定来源，发挥了同质作用。本案中，用于封箱的胶带上带有大量完整图样的商标标识，如果机械适用司法解释，以胶带上商标图样个数作为入罪标准的"件数"，则可能出现几卷胶带所含商标标识件数就达到入罪门槛的情况，这显然不符合罪责刑相适应的刑法基本原则，导致入罪门槛过低。在认定注册商标标识数量时，应当着重考虑两个因素：一是具有完整商标图样；二是能够独立使用。就胶带而言，其上布满了大量完整商标图样，但既不能直接将之作为一件商标标识，也不能按照其上的商标图样个数简单累加计算，而应当参考胶带实际用途，采用适当方法计算认定。例如，本案中的胶带用于封箱，可综合在案证据，必要时进行侦查实验，查明包装一件商品平均所需胶带长度，作为计算商标标识件数的参考基准，在此长度之内的多个商标应算作一件商标标识。如权利人的不同型号商品大小存在差异，根据有利于被告人原则，可以最大的商品或销量最多的商品作为侦查实验对象，依此计算假冒注册商标标识的数量。

◆ 相关规定

《中华人民共和国刑法》第二十六条第一款和第四款、第二十七条、第六十七条第三款、第二百一十五条

《中华人民共和国刑事诉讼法》第十五条、第一百七十六条

《中华人民共和国民事诉讼法》第五十八条

◆ 办案札记

本案审查难度大，团伙犯罪地位于福建，对外销售涉及地域遍布全国，在办理过程中承办人从公安侦查阶段即提前介入，远赴福建监督、引导取证，参与了案件

从打击到判决的全过程，通过大量的案前案后工作，案件也一步步从取证难、定罪难、定性难，变为一起体现知识产权综合司法保护质效的案件。

一是综合考量注册商标使用情况，准确认定涉案物品的性质。本案的定性存在两种争议：一是认为应认定为假冒注册商标罪或销售假冒注册商标的商品罪；二是认为应认定为非法制造、销售非法制造的注册商标标识罪。争议焦点就在于本案伪造对象系商标还是注册商标标识。为查明事实，承办人要求公安机关调取权利人的商标注册证等书证，发现权利人涉案商标分别在包装材料及服务商标2个类别注册。针对包装材料类别，司法实践中存在商品性使用和标识性使用两种情况。经询问权利人使用商标标识的过程，承办人发现，权利人虽在尼斯分类16类包装材料上注册商标并予以使用，但涉案商标主要是在纸箱、胶带、防伪扣、鉴定证书上使用，其并不作为商品单独在市场上销售，本质上只是带有商标图样的用于包装、装饰、美化、说明、宣传商品的物质载体，单纯发挥商标标识的作用，是指示商品来源的，而非作为商品在市场上予以流通，故没有商品性

质。因此，林某甲等伪造的对象仍属于刑法意义上的商标标识，应当认定为商标标识而非商品商标，故林某甲等行为不构成假冒注册商标罪或销售假冒注册商标的商品罪。

针对服务商标类别，权利人作为电商公司，与传统电商平台的区别在于，买家通过权利人平台下单后卖家不会直接发货给买家，而是先发货给权利人平台进行正品鉴定，通过权利人的鉴别后才会继续发货给买家，故作为服务平台，涉案商标在服务商标领域有注册。但因服务商标系在《刑法修正案（十一）》中入刑，而本案行为发生在其生效之前，因此同样不能以假冒注册商标罪定罪，从而确定本案应定性为非法制造、销售非法制造的注册商标标识案件。

二是依法判断帮助行为性质，准确认定被告人罪名。公安机关对温某某等人以帮助信息网络犯罪活动罪移送起诉，承办人通过进一步讯问被告人林某甲与温某某，同时核实两人的聊天记录、交易记录等书证，查明温某某系在明知林某甲的目的是制造并销售涉案注册商标标识的情况下，仍为林某甲建立仿冒"得某"的网站，并予以定期维护，因此，认定温某某有主观明知，且与林某甲在非法制造、销售非法制造的注册商标标识的行为方面存在事先通谋，更直接实施客观帮助行为，应当以非法制造、销售非法制造的注册商标标识罪的共犯追究刑事责任。

三是科学适用侦查实验，准确认定商标标识数量。在提前介入该案时，承办人发现涉案胶带一卷上存在大量完整商标图样，如单纯以商标数量认定，可能导致量刑畸重问题。针对胶带的商标标识数量该如何予以认定的问题，承办人要求公安机关查明包装一件商品平均所需胶带长度，作为计算商标标识件数的参考基准，并查明所销售的不同尺寸、型号的纸箱中，尺寸最大的纸箱和尺寸最小的纸箱按照所需最短的胶带长度分别涉及的商标标识件数，将其作为参考依据，将胶带长度单位内的多个商标算作一件商标标识计算。公安机关对此进行了侦查实验。在审查该侦查实验的结果是否可采信的过程中，承办人通过核实扣押清单、扣押照片等书证，并对被告人进一步讯问，针对侦查实验所体现的权利人不同型号商品大小存在差异导致所使用胶带长度不一致问题，根据有利于被告人原则，按照尺寸最短的胶带包装尺寸最大的纸箱的方式进行，过程合理合法，因此对该侦查实验结果予以采纳。

四是积极帮助权利人索赔，为其消除诉讼障碍并支持起诉。根据《中华人民共和国商标法》第六十三条第一款、第三款的规定，对于林某甲侵犯商标权的行为，某信息公司有权通过民事诉讼获得赔偿。判决生效后，权利人某信息公司在民事起诉过程中获取刑事案件相关侵权证据时，因刑事案件已办结，不能以案件被害人的身份阅看卷宗，但计算相应赔偿数额需要依据公安机关侦查时获得的证据。为了能够更准确地表述侵权事实、认定损失数额及被告行为的恶性程度，权利人向区检察院申请支持起诉。承办人经审查后认为，鉴于检察机关提起公诉的事实已为民事诉讼奠定事实基础，而《中华人民共和国民事诉讼法》第五十八条规定，损害社会公共利益的行为，检察机关可以支持起诉，且检察机关对该案支持起诉是对企业保护自身知识产权、主张自身权益的肯定，也是检察机关保护不特定消费者获得正品的合法权益、维护社会公共利益的履职表现，承办人制发了民事支持起诉意见书,支持权利人合法维权,该案已在区法院审理。

承办检察官:施丹
案例撰写人:施丹、俞诚

运用法律意见书与检察建议书破解基层治理难题路径分析
——以违法规模性租赁整治为例

◆ **关键词**

违法规模性租赁　法律意见书　检察建议书　行政检察

◆ **要旨**

为进一步解决违法规模性租赁这一复合型违法与综合性执法交织的基层社会治理难题，根据区委政法委部署，区检察院行政检察检察官办案组（以下简称行政检察办案组）通过法律意见书和检察建议书双管齐下，将2020年参与规模性租赁整治的样板经验"再升级"，积极助力专项整治提质增效，为提升超大型城市基层社会治理能级贡献行政检察力量。

◆ 基本案情

规模性租赁是指由闲置商业、办公场所、旧厂房、仓库等非居住存量房屋改建和转化的、具有一定规模的租赁住房。根据相关法律法规和规范性文件规定，虹口区范围内的非居住存量房屋改建和转化租赁住房需由实施单位向区房管部门提出申请，并依照规定的程序，经各行政管理部门对项目的房屋建筑结构、消防安全、治安管理、环保卫生等情况进行联合验收且取得项目认定和验收文件后才能对外出租。根据上海市人民政府《关于加快发展本市保障性租赁住房的实施意见》的规定，在符合规划原则、权属不变、满足安全要求、尊重群众意愿的前提下，允许非居住存量房屋改建为保障性租赁住房，对既有的非居住存量房屋改建租赁住房项目，经区政府组织区相关部门联合验收合格的，可以办理保障性租赁住房认定手续。

经摸排，2022年虹口辖区内未经审核报批、未纳入监管的违法规模性租赁项目共有71处，普遍存在多环节违法行为，具有多方面公共安全和公共卫生隐患。

◆ **检察机关履职过程**

2022年7月,行政检察办案组参加区规模性租赁整治推进会,根据区委政法委部署,立足协助推进违法租赁项目专项整治、督促各相关部门依法履职的主要职责。

2022年8月,行政检察办案组对2020年制发的检察法律意见书以及法律法规汇编进行了修订完善,形成规模性租赁专项治理法律意见书2.0版,并印发给相关行政主管部门以及各街道办事处。

2022年8月至11月,行政检察办案组陆续走访调研了广中路、北外滩、四川北路、曲阳路、欧阳路、江湾镇等街道,摸排了相关违法规模性租赁点。在全面调查核实基础上,行政检察办案组向相关街道办事处制发督促履职检察建议书4份,向相关经营企业制发社会治理检察建议书4份,推动住房租赁市场的规范有序。相关街道办事处和企业收到检察建议书后,均积极回复采纳,推动区违法租赁项目专项整治取得积极成效。

◆ 典型意义

规模性租赁是超大型城市发展中的一个特殊产物，也是基层社会治理的一道老问题。本案中，行政检察办案组对2020年参与规模性租赁整治的样板经验进行改进、完善和提升，充分发挥行政检察在基层社会治理中的法治效能，积极助推基层治理体系和治理能力现代化。

一、坚持问题导向，找准方向，夯实监督基础

行政检察办案组立足法律监督职责定位，对2020年参与区域规模性租赁整治的经验做法进行改进提升，进一步查漏补缺、与时俱进，找准找对工作路径、做实做细调查核实，为推动专项整治夯实基础。

一是系统复盘，提出破题方案。结合此次专项整治面临的新情况、新问题，对2020年参与规模性整治的样板经验进行研究分析和系统复盘。一方面，行政执法综合体制改革后执法权下放街道，相关规模性租赁法律法规已进行修订更新。另一方面，单纯依靠整治取缔的"堵"并不能从根本上解决问题，需要疏堵结合，根据项目特点对症下药，综合平衡好专项整治与维护经营企业合法权益之间的关系,在推动整治的同时为经营企业"开方",营造良好的法治化营商环境,助推构建多层次租赁住房结构。据此,行政检察办案组对原有的工作经验和治理模式进行了改进完善,提出了"法律意见书+检察建议书"的综合方案,通过"一项目一方案"精准施策,实现目标与效果的有机统一。

二是调查核实,夯实监督基础。行政检察办案组跨前一步,主动走访了广中路、北外滩、欧阳路、江湾镇、四川北路、曲阳路等街道,对虹口区71处违法规模性租赁点进行了调研,并选取了整治推进难度较大的10处规模性租赁点,重点协调推进专项整治。针对上述10处规模性租赁项目存在层层转租、牵涉多环节违法行为的情况,行政检察办案组至市场监管部门、不动产登记机构调取相应的产权信息、企业工商登记等材料,至属地街道调取相应的经营合同等材料,厘清房屋产权归属、经营主体和具体经营情况。在此基础上,行政检察办案组多次到现场实地调研项目出租、运营、管理等环节存在的违法问题、实际经营情况等,进一步明确违法违规情形以及相关的行政监管责任,为后续开展监督提供有力支撑。

二、坚持法治引领，双赢多赢共赢，支持依法行政

行政检察办案组充分发挥法治引领作用，立足专业优势，综合运用法律意见书和检察建议书推动规模性租赁专项整治，形成"行政+检察"的良性互动，有效支持依法行政和依法治理。

一是强化法律研判，更新法律意见书。违法规模性租赁是涉及多个违法行为、牵涉多个行政机关职责权限的综合性治理难题。特别是行政执法综合体制改革之后，涉及房屋管理、拆违等部分执法权下放到街道，对房屋管理等行政监管部门、城管等行政执法部门以及属地街道来说，均需要通过进一步厘清各自的权责、强化协同配合来实现专项整治的有力推进。据此，行政检察办案组结合近年来法律法规修订情况，对2020年版的检察法律意见书及法律法规汇编进行了全面修订，形成2.0版——《关于依法开展违法租赁项目专项治理的检察法律意见书》以及《违法租赁项目专项治理相关法律法规及规范性文件汇编（行政版）》《上海城市房地产管理相关法律法规汇编（企业版）》，对违法规模性租赁项目的违法违规情形、主体责任和行政管理及行政执法依据进行重新梳理、查遗补漏和修改完善，为有效支持行政执法、依法治理提供最新的法律依据和决策参考。

二是及时制发检察建议书。行政检察办案组坚持落实双赢多赢共赢理念，在主动走访行政机关和属地街道、多次参加专题推进会的基础上，站在共同推进法治建设的高度，加强沟通协调，通过制发督促履职检察建议、社会治理检察建议等不同方式，积极协同推进整治，形成执法司法良性互动格局。一方面，聚焦属地街道的住房租赁属地管理责任，向属地街道办事处制发检察建议书4份，督促其履行好属地监管职责，积极引导经营方按照法律法规及相关规定推进整治，加强与房屋管理部门的协作配合，有序规范住房租赁市场。另一方面，针对违法规模性租赁企业未按租赁合同约定使用房屋、超范围经营等问题，向相关经营企业制发社会治理检察建议书4份，督促其履行好房屋使用管理的主体责任，严格按照房屋用途、房屋租赁合同约定和营业执照范围使用房屋和经营管理，并进一步督促经营企业配合房屋管理部门和属地街道积极推进项目的治理，为行政监管执法活动减少阻力,营造良好的行政管理和行政执法氛围。

三、坚持靶向施策,一案一策,提升监督质效

充分发挥行政检察在促进依法行政、推动社会治理方面的积极作用,依托行政检察协调小组平台优势,凝聚共建共治共享社会治理合力,提升违法规模性租赁整治检察监督质效。

一是疏堵结合,落实"一项目一方案"。规模性租赁项目的存在一定程度上满足了不同群体的租房需求,因此,对于违法规模性租赁项目不能"一整了之",不分青红皂白"一刀切"地整治,往往治标不治本,容易出现"返潮"。行政检察办案组结合规模性租赁项目存在的不同违法违规情形、不同的历史原因、经营企业不同的整改意愿,坚持疏堵结合、靶向施策,通过"一项目一方案"为规模性租赁点量身定制整治方案,向经营企业和属地街道提出具有合法性、针对性、可行性的检察建议。例如,针对违法规模性租赁点存在较大安全隐患的,建议属地街道及时督促经营者关停;针对经营企业未按合同约定使用房屋但有转变经营业态意愿的,建议其积极推动转变业态,并建议属地街道及时提供相关支持;针对经营企业有纳管意愿、经整改后符合相关纳管条件的,建议其按照法律法规及相关规定申请办理、配合房屋管理部门和属地街道积极推进项目的治理纳管,并建议属地街道积极引导经营方并配合区房屋管理部门积极推进项目的治理纳管。

二是跟踪问效,有效落实整改。行政检察办案组在检察建议制发后,坚持跟踪问效,加强与属地街道协作,结合规模性租赁项目经营管理的历史情况、复杂成因、后续转变经营业态或治理纳管的发展规划等情况,加强释法说理,解开经营者对法律适用的"法结";通过联合约谈、解读相关法律法规政策、听取相关单位意见、争取街道平台支持等方式,帮助经营人想办法、搭平台、寻助力、抓落实,解开经营方对采纳、落实检察建议整改措施的"心结",引导、促进企业依法规范经营,有效落实整改,从根本上规范规模性租赁项目管理,构建"一张床"到"一间房"再到"一套房"的多层次住房租赁格局。

◆ **相关规定**

《中华人民共和国土地管理法》

《商品房屋租赁管理办法》

《上海市住宅物业管理规定》

《上海市住房租赁条例》

《关于加快发展本市保障性租赁住房的实施意见》

◆ **办案札记**

对于违法规模性租赁，其实大家并不陌生。早在2020年，区检察院就根据区委区府的部署安排，参与了区域违法规模性租赁专项整治工作，并创设了行政检察法律意见书这一法治指引式的文本，为共建共治共享的基层社会治理提供了可复制的样板经验，得到了市、区领导的批示肯定。

2022年7月，根据区委政法委的部署，行政检察办案组再一次直面这个基层社会治理的"顽疾"，该怎么做？直接照搬2020年的经验似乎也存在一些瓶颈：一是法律法规更新快，加之行政执法综合体制改革后许多执法权下放街道，原有的法律意见书内容已经"滞后"；二是仅仅通过整治取缔效果平平，2020年的整治后部分点位出现了"返潮"现象，需要寻找更好的解决路径；三是企业生存困难，部分经营企业先期投入了巨额成本，要平衡好专项整治和维护市场主体合法权益间的关系。就此，行政检察办案组提出了新的"检察方案"：把2020年的"样板经验"升级更新，"法律意见书"与"检察建议书"双管齐下，"依规整治"与"一点一策"同步推进，"目标导向"与"效果导向"双向融合，精准施策，推动整治提质增效。

一是升级更新法律意见书，有效支持执法。规模性租赁治理涉及面广、涉及执法权多，行政执法综合体制改革后，许多执法权下放街道，各行政机关和属地街道不仅需要厘清自身的监管职责，还要明确其他机关的职责权限。同时，部分经营企业实质上对相关的法律法规和政策要求并不了解，需要行政检察办案组依法督促、及时引导其合法合规经营。因此，行政检察办案组精准对接各行政机关、属地街道和企业的司法需求，结合法律法规和规范性文件修订情况，对2020年法律意见书及行政版、企业版法律法规汇编进行修订完善，在多方征询意见基础上形成2.0版，并印发至属地街道、相关行政机关和企业，为行政机关依法行政、依法治理以及经营方的整改落实提供有效指引，以法治意识引领提升检察服务能级。

二是发挥检察建议书作用。为进一步摸清违法规模性租赁项目的基本情况、整改推进情况等，行政检察办案组先后走访了6个街道，了解推进的困难、摸排整治中的"老大难"问题。在摸清底数的基础上，聚焦整治推进难度较大的10处"硬骨头"：一方面，针对街道未落实好属地管理责任的情况向街道制发督促履职检察建议书4份，推动街道加强与房屋管理部门及其他行政执法部门的工作衔接和统筹协调，推动依法整治，有序规范住房租赁行为。另一方面，针对存在违法违规情形的经营企业，制发社会治理检察建议书4份并随书附赠企业版工具书大礼包，督促其履行好主体责任并提出针对性整改建议，推动依法治理，支持行政机关依法履职。

三是坚持"一项目一方案"，精准靶向施策。为避免违法规模性租赁项目反复"回潮"、从根本上解决违法规模性租赁"顽疾",行政检察办案组坚持疏堵结合,综合分析违法规模性租赁项目久治不绝的背景原因、整改难点等,针对不同的情形,量身定制不同的整改方案,在整治取缔、治理纳管两种方式基础上,对存在历史遗留原因、企业积极配合但纳管难度较大等点位推动整改并取得了积极成效。

行政检察办案组参与治理的规模性租赁点位全部整治到位,其中关停并转变经营业态1处、推动治理纳管1处、实现整改8处。这项工作也成为2022年度行政检察协调小组助力打造善治城区的重点举措。

参与规模性租赁专项治理过程中,行政检察办案组面临着很多难题,但也得到了很多行政执法机关、属地街道和租赁企业经营方的肯定和认可。近年来,行政检察职能不断向参与社会治理延伸,今后行政检察办案组亦将主动融入,治前端、治未病,努力探索行政检察助力提升社会治理效能的更佳路径、更优方案。

承办检察官:刘强
案例撰写人:倪远

探索特色工作

检察机关做好追赃挽损实证研究
——谢某某等 27 人诈骗案

◆ **关键词**

诈骗社保养老金　涉老案件　关护制度　追赃挽损　法治宣传

◆ **要旨**

区检察院在办理系列诈骗社保养老金案件中，通过多方磋商精准认定诈骗金额，对老年犯罪嫌疑人引入成年子女、亲属陪同见证制度，对犯罪嫌疑人和家属开展细致的释法说理，以认罪认罚从宽敦促犯罪嫌疑人主动退出赃款，追回社保养老金 350 余万元，守住了老年群体的养老金。

◆ **基本案情**

2008 年至 2016 年，被告人谢某某等人为骗取社保养老金,在明知自己并无严重疾病、不符合因病退休条件的情况下,分别向周某某等"黄牛"支付好处费,在周某某等人的协助下使用虚假病历材料通过装病方式获得上海市劳动能力鉴定中心出具的完全或者大部分丧失劳动能力的鉴定,后谢某某等人以上述虚假鉴定至社保中心办理因病提前退休手续骗领社保养老金。经上海市社会保险事业管理中心核定,谢某某等人共计骗领养老金人民币400余万元。

◆ 检察机关履职过程

上海市社会保险事业管理中心虹口分中心(以下简称社保中心)于2021年10月13日向区公安分局报案称一虹口区户籍人员李某某涉嫌骗取国家社保养老金,区公安分局在侦查上述案件时深挖线索,查获多名以伪造病历材料获取丧失劳动能力鉴定办理病退骗取社保养老金的犯罪嫌疑人。2022年1月7日,区公安分局对涉案人员诈骗国家社保养老金一案立专案开展侦查,同日市公安局指定该案由区公安分局管辖。区公安分局先后抓获李某某、谢某某等27名犯罪嫌疑人,经区公安分局侦查终结，以诈骗罪移送区检察院审查起诉。经区检察院提起公诉，区法院以诈骗罪对上述人员判处刑罚。

◆ **典型意义**

上海市已步入深度老龄化阶段，虹口区是上海老龄化程度最高的区域之一，老年人口占比较大，涉老案件占比较高。区检察院立足区域特点，办理系列诈骗社保养老金的案件，在精准认定诈骗金额的基础上打击犯罪，落实涉老案件办理"五大制度"，关护老年人权益，成功追回社保养老金350余万元，守住了老年群体的养老金，筑牢维系社会和谐稳定的压舱石。区检察院进一步延伸办案效果，强化普法宣传教育，在引领社会法治意识上发挥了重要作用。

一、多方磋商，精准认定诈骗金额

本案犯罪嫌疑人骗领养老金长达数年之久，现基本已经达到法定退休年龄，其领取的养老金金额包含达到法定退休年龄应当领取的养老金，且部分犯罪嫌疑人提出其从事特殊行业应当提前退休。因诈骗金额认定涉及犯罪嫌疑人实际领取的养老金金额、应当领取的养老金数额以及特殊工种提前退休等问题,专业性较强,需咨询相关部门。被害单位社保中心系计算养老金金额的专业机关,检察官第一时间与该中心取得联系,并与中心工作人员进行了深入交流学习,明确养老金计算方法,同时联系公安机关开展多次磋商,最终达成一致意见。检察官向社保中心调取犯罪嫌疑人涉案养老金流水,扣除其应当领取的养老金数额,并且排除特殊工种提前退休等问题,准确认定犯罪嫌疑人具体诈骗金额。检察官在与犯罪嫌疑人及其家属进行沟通时,充分阐述诈骗金额的认定标准及计算过程,犯罪嫌疑人均对犯罪金额表示认可,并主动认罪认罚。

二、惩教并举,落实老年人关护制度

考虑到本案犯罪嫌疑人多为60岁以上的老年人,身体机能都有一定程度的衰退,区检察院在打击养老金诈骗的同时,积极落实对老年犯罪嫌疑人的关护制度。检察官依托区检察院涉老案件办理"五大制度",对老年犯罪嫌疑人及时引入成年子女陪同见证机制,要求家属在讯问、退赔等环节陪同参与。通过家属的陪同见证,既弥补了老年人在法律理解、语言表达及身体行动上的不足,又减轻了老年人的心理压力,向涉案老年人传递司法温度。此外,本案中的老年犯罪嫌疑人法治观念普遍不强,存在贪小便宜心理,认为领取退休金只是时间早晚问题,未意识到自己的行为会触犯法律。检察官根据老年人的心理特点,对犯罪嫌疑人及其家属开展细致的释法说理,耐心分析了本案的犯罪模式及行为的社会危害性。经过检察官的解释,老年犯罪嫌疑人都深刻认识到自己行为的性质,明确自己通过虚假材料申请提前退休骗领国家社保养老金的行为构成诈骗罪,并对自己的犯罪行为表示深深的后悔。检察官通过掌握老年人的心理特点,以贴近老年人身心的方式开展释法说理,让老年犯罪嫌疑人能够更好地理解法律、遵守法律,以"柔性执法"催生"关护之芽"。

三、追赃挽损,守护老年群体权益

做好追赃挽损工作,是本案的重中之重,关乎国家社保养老金的安全,也关乎每一个人的切身利益。检察官向老年犯罪嫌疑人及其家属阐明认罪认罚从宽及退赔退赃的积极意义,将退赔情况作为从宽处的情节之一,积极敦促嫌疑人及其家属主动退出赃款。老年犯罪

嫌疑人表示,已经充分认识到自身行为对国家社保养老金造成的严重损失,愿意与家属一起尽最大努力退赔退赃,并争取宽大处理。检察官综合全案情况,对老年犯罪嫌疑人的犯罪情节、主观恶性、退赃情况等进行分析研判,并根据宽严相济的刑事政策,对不同情节进行分别处理。对犯罪情节较轻且全额退赔的犯罪嫌疑人,检察官邀请人大代表、人民监督员等召开不起诉公开听证会,在听取多方意见后对其作出相对不起诉的决定;对在审查起诉阶段认罪认罚并全额退赔的犯罪嫌疑人,建议法院适用缓刑;对于短期内无法筹措全部资金、在审查起诉阶段部分退赔的犯罪嫌疑人,若在审理阶段全额退赔,建议法院可以对其适用缓刑。检察官加大追赃挽损力度,着力修复社会关系,践行司法为民理念,最终成功追回国家社保养老金350余万元,牢牢守住了民生保障的基石。

◆ 相关规定

《中华人民共和国刑法》第二百六十六条

《中华人民共和国刑事诉讼法》第十五条、第

一百七十五条

◆ 办案札记

本案既是一起老年人犯罪案件，又是一起以国家社保养老金作为犯罪对象，侵害了全体老年人权益的案件，对涉老案件办理具有典型意义。在老龄化社会到来之际，响应国家号召、实现涉老案件专业化办理已成为迫在眉睫、需要迎难而上的重要工作。检察官在本案办理过程中，妥善修复受损的社会关系，深入剖析老年群体的身心特点，时刻传递着检察机关对老年群体的司法关怀，传承着中华民族尊老的美好品德。

以检察担当应对老龄社会。近年来，随着经济社会不断发展，医疗条件逐年改善，我国国民人均寿命大幅度提升，人口老龄化已经成为我国社会发展不可避免的问题，党的二十大报告更是将积极应对人口老龄化上升至国家战略。虹口区是上海市老龄化程度最高的区域之一，区检察院积极响应国家战略，基于区情区况率先成立了老年人案件办理中心，创新设立涉老案件办理"五大制度"，将受案范围从老年犯罪嫌疑人扩大到老年被

害人，并重点关注侵害老年人权益案件。近期延迟退休、个人养老金等话题频频占据新闻版面，养老成为老百姓最为关注的话题。社保养老金是我国养老体系中最重要的组成部分，关系着每一个老年人的权益，也事关每一个人的晚年生活。区检察院在收到公安机关移送起诉的该系列诈骗社保养老金案件时，发现该案涉案人数众多，诈骗金额巨大，已经严重威胁国家社保养老金安全。根据区检察院老年人案件分案规则的要求，老年人案件办理中心作为核心，配备专业化办案团队办理了该系列案件，主动响应国家和社会需求，以检察担当积极应对人口老龄化。

以人文关怀传递司法温度。检察官在办理涉老案件时，总是要比办其他案件多一份耐心，对涉案老年人多一份包容，时时留意老年人的身体和心理变化。遇到他们听不清、听不懂的问题，总是一遍遍不厌其烦地重复、解释，直到他们听清、理解。遇到他们起不来、走不动的时候，也会采取上门讯问、家属陪同等方式，保证他们的人身安全。检察官在办理老年人案件时发现，老年人的身体和心理与普通成年人有着显著区别，常常遇到老年犯罪嫌疑人患有脑梗、瘫痪等疾病，导致他们口齿不清、行动不便、记忆力衰退、理解能力弱化。如何与这些老年人进行沟通，如何帮助他们参与诉讼活动都是摆在检察官面前的难题。针对这些情况，区检察院在涉老案件办理"五大制度"中特别设立了"成年子女、亲属陪同见证制度"，要求成年子女、亲属在老年犯罪嫌疑人的提审、听证等环节陪同参与。在本案办理过程中，检察官考虑到老年嫌疑人存在身体机能减退的问题，第一时间联系了犯罪嫌疑人的家属，并要求家属陪同提审。在老年犯罪嫌疑人对法律理解有困难、身体行动不方便时，让陪同的家属帮助其理解或者协助其行动，消除老年人参与司法活动的障碍。

以释法说理推动犯罪预防。贪小便宜成为个别老年人触犯法律的一大诱因。根据区检察院老年人案件办理中心历年数据的统计，在老年人最为常见的盗窃、诈骗等案件中，贪小便宜是犯罪的最主要原因。在提审过程中检察官发现，本案老年人的犯罪原因也系贪小便宜，起因多为经亲戚或者朋友介绍，通过口口相传得知"黄牛"可以帮助办理病退，而这些老年人原本从事的工作

有些强度较大，便起了贪念，想通过不正规的方式提前退休，最终走向犯罪深渊。同时，检察官在与老年人的沟通过程中发现，他们不明白自己的行为为何会构成犯罪，暴露出涉案老年人对自己行为的违法性认识不足。检察官在深入分析老年犯罪嫌疑人的犯罪原因，剖析他们的犯罪心理后，针对他们法律意识薄弱的情况，展开了细致的释法说理，让老年人了解诈骗罪的构成及其行为构成诈骗罪的原因，令他们真正意识到自己的错误所在。同时，检察官走进社区对老年群体开展法治宣讲，以生动的案例提醒老年人知法、守法，提高老年群体的法律意识、自律意识，积极发挥预防老年群体犯罪的作用。

以宽严相济促进主动退赔。根据宽严相济刑事政策的要求，检察机关对于犯罪情节较轻的犯罪适用宽缓的刑罚，对于犯罪情节较轻且危害后果已经消除的情形可以作出相对不起诉决定；对于犯罪情节较为严重的犯罪若具有自首、坦白、退赔等从宽情节，结合全案情况进行综合考量，依法从轻或者减轻处罚。本案系一起诈骗国家社保养老金案，诈骗罪作为侵财型犯罪，其所侵害的法益具有可恢复性，表现在犯罪嫌疑人可以通过向被害人退赔退赃来修复被破坏的社会关系，相应科处的刑罚也可根据案件具体情况进行轻缓化处理，犯罪嫌疑人退赔退赃情况系诈骗犯罪量刑的重要考量之一。本案中，检察官贯彻落实宽严相济刑事政策的要求，将退赔退赃情况作为量刑的重要考量之一，向犯罪嫌疑人及其家属阐明退赔退赃对其量刑的积极意义，以此激励和引导其主动退赔退赃，并结合主从犯、自首、坦白等量刑情节综合研判并分别处理，对于认罪认罚并全额退赔的犯罪嫌疑人，因其诈骗行为侵害的法益已经得到恢复，检察官建议法院适用缓刑；而对其中起到次要作用、参与时间较短、分赃较少、具有坦白立功情节的犯罪嫌疑人，检察官认为其犯罪情节轻微，在经过不起诉公开听证后，作出了相对不起诉决定。

承办检察官：段辉、殷安娜、黄晶、朱乃一
案例撰写人：黄晶、潘姝

车牌额度申领虚假诉讼系列案件的检察治理路径

——就虚假诉讼系列案件中存在车牌额度申领业务履职不到位的问题制发检察建议案

◆ 关键词

沪牌　机动车报废　社会治理

◆ 要旨

检察机关在办理涉车牌系列虚假诉讼案件的过程中发现，车牌管理存在漏洞，故将监督职能向社会治理延伸，依法制发检察建议，推动主管部门完善审查机制、阻断违法根源，助力维护好车牌额度管理秩序。

◆ 基本案情

2015年至2019年，一些不法分子伪造带沪牌的车辆买卖协议、授权委托书等诉讼材料，捏造车辆买卖的事实提起民事诉讼，并指使、雇用他人冒用被害单位的名义作为被告应诉，骗取调解协议，后通过法院强制执行程序非法占有车牌额度拍卖款，在全市制造同类民事虚假诉讼二百多起，涉及被害企业数量众多。

区检察院在办理上述涉车牌系列虚假诉讼民事监督案件中发现，被害单位多为被吊销营业执照或已注销企业，对名下沪牌额度疏于管理。而不法分子通过伪造企业信用信息、授权委托书、报废机动车回收证明等材料，至车牌额度主管部门冒充被害单位领取机动车在用额度证明，并利用法院协助执行通知书，通过强制执行程序将沪牌额度公开拍卖并获利，涉案金额高达3000余万元。

◆ **检察机关履职过程**

区检察院依职权受理该案后，办案人员通过走访调查了解到案涉部分被冒领、骗领的沪牌额度，原系20世纪90年代，上海市基于招商引资等原因向企业（单位）免费发放，现部分企业（单位）已注销或被吊销营业执照，名下沪牌额度成为"僵尸额度"。经进一步调查发现，车牌额度主管部门因未与市场监督管理、商务、公安等部门就企业信息、强制报废车辆信息等实现跨区域、跨部门互通共享，无法及时核查额度持有单位的工商信息及被强制报废机动车信息，同时仅对申报材料作形式审查。而不法分子正是利用该疏漏，通过伪造企业工商信息、授权委托书及报废机动车回收证明等书面材料冒领、骗领沪牌额度，进行非法获利，严重扰乱全市沪牌额度管理秩序。

根据《报废机动车回收管理办法》《上海市非营业性客车额度拍卖管理规定》《商务部、公安部、环境保护部、交通运输部、国家工商总局关于加强报废汽车监督管理有关工作的通知》等相关法律法规的规定，区检察院于2021年2月8日向车牌额度主管部门制发检察建议书，建议其为保护额度持有人的合法权益，严格额度申领、强化部门协作、加强司法合作、关注政策研究。车牌额度主管部门在收到检察建议后高度重视，充分认可检察机关提出的改进工作建议，组织有关部门召开专题会议进行研讨，研究制订针对集中注销沪牌的专属方案，通过进一步严格核实车牌额度申领法定代表人身份、严格审核办事人员资格、闭合车辆流转管理链条、探索建效。现如今，国内大城市的机动车保有量不断增加，对于车辆增长数量的管控也变得更加迫切和严格。在此背景下，沪牌额度的申领也要经过严格的审批手续。2015年全国集中淘汰一批环保排放不达标的黄标车。一些不法分子产生了非法牟利的念头，他们通过伪造车辆买卖协议、机动车报废证明等材料提起虚假诉讼，骗领车牌额度，非法获取沪牌拍卖款，不但挤占了有限的司法资源、破坏了司法公信力，还严重扰乱了正常的车牌额度管理秩序。随着市场上沪牌价值的日益上升，不法分子伪造材料、证明，利用诉讼程序骗取巨额沪牌拍卖款，已形成非法产业链。检察机关在办理虚假诉讼民事监督案件的基础上，深挖问题源头，依托检察建议对非法产业链形成有效打击，成功遏制这一违法乱象的蔓延；与此同时，不断推进城市管理体系的建设与完善，使人民群众切实获得安全感、幸福感。

二、充分发挥调查核实作用，实现精准监督

民事检察调查核实权既是法律赋予检察机关的一项重要职权，也是查明案件事实及问题产生来源的必要工具。由于本案涉及面广、事实复杂，区检察院根据案件立与司法机关信息共享平台等措施，完善并维护好上海车牌额度管理秩序。

区检察院在收到回函后及时开展"回头看"工作，了解到车牌额度主管部门已经根据检察建议进行落实改进。据回访情况，相关部门已进一步严格车牌额度申领程序，明确相关流程，在单位领取客车额度时，均要求原法定代表人亲自到场核实，并作出真实意思表示，确保车牌额度申领正常有序，不给不法分子可乘之机，保障额度实际持有人的合法权益。

◆ **典型意义**

本案是一起就虚假诉讼系列案件中存在的沪牌冒领、骗领问题制发社会治理检察建议的民事检察监督案件，体现了检察机关依法履行法律监督职能以及推动社会治理的作用。

一、助力维护社会管理秩序，彰显检察担当

长久以来，司法为民、服务大局一直是检察工作的出发点和落脚点。区检察院在依法履职的过程中，始终坚持以高度的政治自觉，不断推动法律监督工作提质增特点，灵活采用层层推进、逐步深入的方法，按计划、分步骤开展调查核实，取得了良好的办案成效。首先，在刑事案件中调取证人证言、被告人供述、书证等证据材料，全面掌握不法分子伪造诉讼材料，提起虚假诉讼，骗取法院文书，进而将车牌额度拍卖款非法占有的作案手法。其次，向案涉基层法院调阅民事审判和执行卷宗，发现该系列民事诉讼案件存在明显异常的情况。例如，案件基本是以调解方式结案，庭审过程无实质对抗，原告提出的诉请及依据在表述上相似。虽然诉讼案由为车辆买卖纠纷，但调解结果却是对车辆进行报废处理，最终由原告取得车牌额度拍卖款。并且，案件调解后基本能在较短时间内执行到位。再次，赴市场监管部门调取工商资料，发现部分被告的实际经营状态为注销，但在法院的审判和执行卷宗中被告的工商资料却显示为正常状态，故原告提交给法院的工商资料系伪造，被告实际不具备诉讼主体资格。最后，向相关行政部门调查核实，发现部分车辆并未实际报废，而是不法分子通过伪造报废机动车回收证明等材料，结合法院协助执行通知书，以原告的身份从车牌额度主管部门领取车牌额度，再通过法院强制执行程序进行公开拍卖，非法占有拍卖款。办案组主动调查核实、抽丝剥茧、深入调查核实，在查明事实的基础上提出再审检察建议，实现了检察监督的精准化。

三、合力完善审查机制建设，强化部门协作

本案中，沪牌额度的管理涉及行政机关、拍卖公司等多家单位。根据相关规定，在用沪牌额度持有人需在申请办理车辆报废注销等手续后，领取在用额度证明。但在发放报废车辆在用沪牌额度证明、受委托拍卖沪牌额度时，主管部门仅对申报材料进行书面审查，尚未实现信息的跨区域、跨部门互通共享。区检察院在积极推动法律程序挽回实际权利人损失的同时，针对报废机动车监督管理力量薄弱、机动车额度管理制度不完善、相关新政策研究欠缺等情况，积极履职尽责，延伸检察职能助力行业监管。此外，区检察院深度剖析问题产生的根源，向车牌额度主管部门提出检察建议，除严格额度申领流程外，应当重点加强与行政、司法机关的协作配合；充分发挥机动车额度管理联席会议的作用，会同公安、商务、市场监督管理、拍卖公司等单位或组织，建立健全报废机动车信息共享、核查规则，形成主管部门与有关单位间的联动监管机制；探索与法院建立健全沪牌额度申领相关执行工作的协作机制，强化对执行阶段申领材料的真实性审查，保障报废车辆额度强制执行工作的有序开展。促进司法与行政的良性互动，为法治政府建设保驾护航，努力实现政治效果、社会效果、法律效果的有机统一。

◆ 相关规定

《人民检察院检察建议工作规定》第十一条第二项

《报废机动车回收管理办法》第四条第二款

《上海市非营业性客车额度拍卖管理规定》第十九条

《商务部、公安部、环境保护部、交通运输部、国家工商总局关于加强报废汽车监督管理有关工作的通知》第十条

◆ 办案札记

本案中的车牌管理是城市现代化管理的一个缩影，

反映出检察机关参与社会治理的重大意义,检察人员在办案中跨前一步,追求极致,就能让治罪变成治理,以检察之力织牢城市管理的安全网。

一、从事实出发,深入思考挖掘根本原因

过去,为了有效缓解大城市的交通拥堵状况,上海探索将沪牌以公开拍卖形式进行发放。其后,随着居民消费能力的不断提升,沪牌牌照也变得愈加昂贵和紧俏。本案中的不法分子正是盯上了这些沪牌背后的巨大经济利益,他们在二手车市场里做"黄牛"多年,了解到有些被吊销营业执照或已注销企业名下的沪牌长期处于无人问津的状态,按照当时的政策,虽然不能直接过户,却可以通过法院的强制执行程序进行拍卖。于是,他们伪造车辆买卖协议、授权委托书等材料,提起民事诉讼,并指使他人冒充被告参与诉讼,进而通过强制执行程序非法占有沪牌拍卖款。

从民事再审的角度出发,此案件定性为虚假诉讼毫无疑问。但是,基于职业习惯,办案人员不禁多想一步,既然是车辆买卖纠纷,为何法院不执行车辆,却偏偏只拍卖了沪牌?这背后的原因还得深挖。于是,区检察院

成立专案组，进行调查核实，累计查阅民事审判、执行卷宗500余份，对比车辆信息200余条，发现案件存在几点异常：一是案涉车辆报废的时间节点异常，车辆报废均在法院的强制执行之前；二是案涉车辆报废地点异常，基本是在外省市进行；三是同类型的民事诉讼在一段时间内频繁发生，主要集中在2016年至2018年。而上述异常点共同指向了车辆报废这一关键节点，这就提示办案人员，车辆报废是本案的突破口。从虚假诉讼系列案件的办理到社会治理监督线索的发现，是一个由表及里、逐步深入的过程，这就要求检察官在办案时应当跳出"就案办案"的思维窠臼，以求极致的精神深挖案件细节，其中需要特别关注案件所反映出来的异常点，认真总结归纳案件的规律特征，发现背后的根本原因，监督办案不仅要治标，更要治本。

二、多措并举，推动检察建议落地落实

从本案的调查情况来看，案涉的车牌仅仅是冰山一角。据了解，尚有大量被强制注销的车牌额度未被申领，因此，若不及时堵住疏漏，将有可能造成重大经济损失。意识到问题的严重性，检察官决定主动作为，将监督职

能向社会治理延伸。

第一步,以调研保质效。以需求为导向,检察官主动走访了车牌额度主管部门,通过沟通交流,了解监管过程中的痛点、难点问题。双方共同商讨对策,切实化解难题。

第二步,以精准助落实。针对问题,检察机关提出三点改进工作建议:(1)严管牌照"出口",变形式审查为实质审查;(2)强化"横向"协作,构建协查机制;(3)增加司法"接口",加强与法院对接,做好执行阶段的信息核查工作。该主管部门在收到检察建议后,高度重视,充分认可检察机关提出的改进工作建议,研究制订完善针对集中注销沪牌的专属方案,确立以法定代表人现场申领为原则的额度发放机制,严把牌照发放关。

第三步,以协作促治理。一方面,检察机关主动提供支持,积极促成相关部门与法院会商,畅通信息互通共享渠道,形成虚假诉讼联防机制;另一方面,检察人员持续跟踪回访,推动检察建议落实。本案的成功办理,得益于检察机关与相关部门之间的良性互动与协作配合，在各方的共同努力下，最终圆满实现监督目标。

自审核规则修订以后，原先车牌额度管理存在疏漏的地方被及时修正，车牌额度主管部门发放的牌照额度数量有了显著下降，违法根源被有效阻断，实现了良好的社会治理成效。检察官立足检察监督职能，在办案中准确查找案件背后的根本原因，推动相关问题的解决，力求达到"办理一案、治理一片"的法律监督效果，争取为检察机关参与社会治理工作打造虹口样板。

承办检察官：王璐
案例撰写人：潘铭明

未成年人监护监督制度的实践探索
——基层检察机关未成年人司法保护事例

◆ **关键词**

监护监督　家庭保护　司法保护

◆ **要旨**

2021年12月,区检察院在市检察院的支持、指导下,探索建立未成年人监护监督制度,建设监护监督员队伍,获广泛肯定,相关内容被随后出台的《上海市未成年人特别保护操作规程》吸纳。自此,区检察院坚持理论、实践并行,进一步做实、做深未成年人监护监督工作,在实践运用与制度完善的良性循环中,积极引入多方社会力量参与,链接更多资源助力家庭监护,以司法保护筑牢未成年人家庭保护防线,让爱回归本位。

◆ **基本案情**

案例一：单亲女孩小花（化名，13周岁）一直跟随母亲租住于老式里弄房内。小花的母亲因病进入医院接受治疗，小花独自在出租房内生活居住，陷入监护缺失困境。

案例二：2022年的一天，区检察院收到了辖区法治副校长和区教育局未保中心转交的手写求救信，一页纸，满满十二条"罪状"，皆为男孩对父亲的控诉。

案例三：孙某某是众多社区矫正对象中的一员，因毒品犯罪被判处刑罚，考虑其为哺乳期妇女，法院决定对其暂予监外执行。后孙某某哺乳期届满但刑罚未执行完毕，区司法局将其收监材料递交检察院监督审查。经审查发现孙某某为逃避收监执行，一直处于"掐点"怀孕生子状态，生育后却对孩子不管不顾。

◆ **检察机关履职过程**

案例一：区青少年社工在工作过程中发现上述情况后随即将线索提交区检察院，区检察院迅速启动监护监督联动机制。一方面，通过联系区民政以及小花租住地

所在街道、居委会落实临时监护，在妥善安置女孩的同时，由专人负责保障小花日常三餐、生活必需品；另一方面，协同区社工站指派监护监督员跟进开展"一对一"家庭监护监督指导，监护监督员随即开启了与小花、小花母亲三方的24小时实时监督指导，引导小花母亲做好远程亲情陪伴，尤其针对母亲的无措和自顾不暇加强了家庭教育指导，督促居委会将临时监护落到细节，持续关注小花的生活、学习与心理状况，鼓励小花坚强面对生活逆境。在检察机关、相关职能部门以及监护监督员的共同努力、关爱之下，小花顺利走出困境。

案例二：区检察院经深入调查了解后发现，事实与男孩所述相去甚远，父子关系剑拔弩张的背后是单亲父亲的教养不易和青春期男孩的叛逆孤单。针对这一情况，一方面，区检察院以法治副校长为切口，联合学校未成年人保护老师加强了对男孩的关爱引导，并由学校出面，再次通过家访做通父亲思想工作，使其改变粗暴管教方式、从自身出发改善亲子关系；另一方面，联系父子居住地检察机关，通过居住地居委会、社区民警介入关注，从日常相处着手，引导父子俩换位思考，多一份理解交流、少一份怨怼僵持。

案例三：针对监护人怠于监护、疏于监护、监护不当的情况，区检察院坚持惩教结合，刚柔并济。一方面，以法为器、为爱发令。通过训诫、制发督促监护令等途径，严明法律后果，督促监护人尽职履职。另一方面，以教为翼、助力履职。依托区妇联、社工站等协作机制，引入专业力量跟进家庭教育指导。

◆ **典型意义**

案例一是一起为未成年人开展临时监护与保护救助工作的案件。在发现及处置本案的过程中，检察机关探索创建的监护监督员机制优势得到充分彰显。检察机关依托社会力量第一时间获知未成年人监护缺失情况，并立即启动监护监督协作机制，在顺畅联动职能部门的同时，依托社会力量，发挥监护监督员专业所长，高效落实临时监护与保护救助工作。

案例二体现出检察机关积极作为，促使家校间紧密协作，保障孩子的健康成长。《中华人民共和国家庭教育促进法》的出台，也对学校通过开展家庭教育指导服务等方式提升监护人履职能力提出了新的要求。近年来，区检察院就深化推进法治副校长机制，助力学校做好监护监督工作进行了新的探索：前移监护监督关口，率先实现辖区幼儿园法治副园长全覆盖；延伸监护监督触角，把参与学校家委会工作纳入法治副校长履职日常；拓展监护监督方式，研发多主题家庭教育法治课程并创新普法宣传形式。

案例三旨在帮助收监执行人员子女走出监护困境。检察机关针对收监执行人员子女这一特殊未成年群体的监护状况进行摸排调查，及时发现收监执行人员子女监护困境。在办理案件过程中，检察机关通过开展初步调查工作厘清未成年人陷入监护困境的矛盾症结，通过耐心的释法说理争取相关当事人的认同与支持，并对症下药联合各职能部门形成保护合力，为未成年人寻找到合适的监护人，保障了未成年人的合法权益。

通过以上三个事例，可以看到检察机关在履职过程中：

一、始终坚持最有利于未成年人原则

今日之儿童，即为明日之栋梁。保护孩子就是保护

未来,《中华人民共和国未成年人保护法》规定,保护未成年人,应当坚持最有利于未成年人的原则。"最有利于未成年人的原则"源于联合国《儿童权利公约》确立的"儿童最大利益原则",也是未成年人刑事检察科检察官保护孩子们的工作理念,从孩子的利益出发,想孩子之所想,选择最有利于孩子们的方案,这也是区检察院始终遵循的理念。监护监督制度充分体现了最有利于未成年人原则,各参与单位在开展未成年人监护监督工作中都要以最有利于未成年人为首要考量,充分尊重未成年人意愿,最大限度地保护未成年人的人身和财产权利及各项合法权利,注重保护未成年人的隐私和个人信息,照护未成年人的成长和发展。区检察院在办理未成年人案件中发现,一些未成年人走上违法犯罪道路或未成年人合法权益遭受侵害背后往往存在家庭监护不力等共性问题,通过创建监护监督制度,经区检察院委托,由阳光中心指派青少年事务社工经调查评估确认监护状况风险等级后,根据不同风险等级通过提供不同的服务对监护人的监护履职行为进行监督干预,提升监护人履职能力,为孩子的健康成长保驾护航。

二、坚持司法保护促进家庭保护

于未成年人而言,家庭是第一个课堂、家长是第一任老师。《中华人民共和国未成年人保护法》对父母或者其他监护人的职责进行了详细规定。父母对未成年人天然地具有抚养、教育和保护的职责。《中华人民共和国未成年人保护法》第十六条明确了十条监护人应当履行的监护职责,从正面明晰其职责。第十七条列举了十一条监护人不得实施的行为,从反面画出底线。通过监护监督制度的践行,监护监督员向监护人提供家庭教育指导服务,引导监护人树立正向教育观念,帮助监护人获得亲职教育的知识和技能,提升教育能力,并通过开展亲子小组、家长讲座等亲职教育活动,协助未成年人与其监护人进行有效沟通,恢复家庭功能,构建良性家庭支持网络,通过帮助监护人改变固有理念、不当教养方式等,为未成年人构建更加积极正向的家庭支持环境,帮助监护人提升"依法带娃"本领。

三、坚持专业化和社会化协同发力

坚持专业化和社会化相结合,强化专业化办案与社会化保护的衔接配合,以政府购买服务形式,加强支持和引导社会力量共同参与未成年人保护工作,兼顾规范性、创新性和实效性,健全未成年人司法保护社会支持体系建设,为未成年人提供全方位司法保障,共同打通未成年人保护"最后一公里"。

◆ 相关规定

《中华人民共和国民法典》第二十六条、第二十七条、第三十四条

《中华人民共和国未成年人保护法》第七条、第二十一条、第二十二条、第二十三条

《中华人民共和国预防未成年人犯罪法》第十六条、第二十二条

《中华人民共和国家庭教育促进法》第二条、第十四条

《上海市未成年人特别保护操作规程》第二十四条

◆ 办案札记

监护是一个长时间持续地教育、照管和保护未成年人的过程。为教育、保护一个未成年人并使其成为一个具有健全人格和独立生活能力的人,欧陆近现代民法皆

确立了亲权与监护制度。《中华人民共和国民法典》也已经确立最有利于未成年人原则。当父母为未成年子女的监护人时，一般不会发生监护不当问题，父母与子女之间有天然的骨肉之情、天伦之义，父母通常会在未成年子女的教育、照管上不辞辛苦，尽心竭力。然而，父母亦属常人，有的父母也存在性情顽劣、道德败坏、怠于履职甚至侵害未成年子女合法权益的情况。就我国而言，父母不仅指亲生父母，还包括养父母、继父母。养父母与养子女之间以及继父母与继子女之间的关系，如果没有经过一段时间的感情滋养或培育，这种关系往往非常脆弱。以上情况，如果任由父母履行监护职责，未成年子女的合法权益必然面临巨大风险。

检察机关作为国家的法律监督机关，始终坚持最有利于未成年人原则，以守护未成年人健康成长为宗旨，秉承国家监护理念，最大限度地保护未成年人的人身、财产及其他合法权益。2021年12月9日，区检察院联手区六家单位会签《关于加强虹口区未成年人监护监督工作的意见》，创建监护监督制度，并建立了首支监护监督员队伍，该项制度被广泛应用。"未成年人监护监督机制"

是指各参与单位在开展涉未成年人工作中，发现监护人存在监护不当、监护缺失或缺位等问题，导致未成年人遭受侵害或面临侵害危险时，将线索移送给虹口区未成年人司法保护中心，由保护中心对未成年人监护状况组织调查评估，并根据监护状况分级结果，采取提供生活照料、进行教育指导、设立监护监督员或申请撤销监护人资格等措施对未成年人权益予以保护的协同工作机制。青少年社工作为监护监督员队伍的重要成员，在开展监护监督工作中发挥了重要作用，区检察院坚持专业化和社会化相结合，加强支持和引导社会力量共同参与未成年人保护工作，为社工群体参与监护监督工作作了更完善、细致的规定，也为未成年人健康成长撑起了法治的"保护伞"。

区检察院进一步细化监护监督制度，并持续深化监护监督制度在司法实践中的运用，提升监护监督成效，以司法保护筑牢未成年人家庭保护防线。一是细化、完善监护监督制度。与团区委、区妇联签订监护监督制度实施细则，增强监护监督制度的可操作性，提升监护监督制度应用实效。二是强化监护监督制度应用，以司法保护促进家庭保护。首先,对涉案未成年人的监护情况做到"每案必查",查找监护人存在的问题症结,向存在监护不力、监护失职、监护不当情况的监护人制发督促监护令。其次,对罪错未成年人的家庭教育情况做到"全面评估",对家庭教育意识不足、能力欠缺、方法不当的监护人或者有家庭教育指导需求的监护人,自行或委托专业人员为其提供家庭教育指导。最后,开展家庭保护主题的"广泛宣传",依托法治副校长、法治副园长机制,走进学校、幼儿园与学生家长开展交流,从法律的角度讲解监护与家庭教育知识;同步制作家庭教育线上课程,引导社会公众树立未成年人家庭保护、家庭教育意识。

2022年12月9日,区检察院携手团区委、上海市阳光社区青少年事务中心进一步规范与细化青少年事务社工参与未成年人监护检察监督工作的流程与要求,再次明确"未成年人监护检察监督工作"是指检察机关立足法律监督职能,根据未成年人检察业务统一集中办理要求,充分发挥刑事、民事、行政、公益诉讼一体化履职优势,对在办案等履职过程中发现的未成年人父母或其他监护人存在监护失当、失职等情形致未成年人涉案、合法权益受到侵害或面临遭受侵害危险的，经调查评估确认监护状况风险等级后，根据不同风险等级通过提供家庭教育指导帮助、训诫、责令接受家庭教育指导、督促监护权变更或撤销、追究刑事责任等方式对上述监护人的监护履职行为进行监督干预的工作。经区检察院委托，由上海市阳光社区青少年事务中心指派青少年事务社工根据家庭监护能力不同等级参与监护干预帮扶工作，如针对低风险家庭，以提供家庭教育指导服务为主；针对中、高风险家庭，作为监护监督员，履行包括在未成年人处于无人照料状态时申请居民委员会或区民政部门落实临时监护措施等在内的监护监督职责。

家庭、学校、社区、社会形成了未成年人的成长环境，也是国家监护的监督路径。党的二十大站在培养担当民族复兴大任时代新人的高度，强调加强和改进未成年人思想道德建设，保障儿童合法权益。区检察院也将持续努力，以检察之手助推国家监护。

承办检察官：丁莹
案例撰写人：赵爽爽

图书在版编目（CIP）数据

检察官新时代新担当新作为优秀案（事）例选编．第四辑／孙军主编． -- 北京：中国法制出版社，2023．12
ISBN 978-7-5216-4099-1

Ⅰ.①检… Ⅱ.①孙… Ⅲ.①检察机关-工作-案例-虹口区 Ⅳ.①D926.32

中国国家版本馆CIP数据核字（2024）第031851号

责任编辑：吕静云　　　　　　　　　　封面设计：杨鑫宇

检察官新时代新担当新作为优秀案（事）例选编．第四辑
JIANCHAGUAN XINSHIDAI XINDANDANG XINZUOWEI YOUXIU AN（SHI）LI XUANBIAN.DI-SI JI

主编／孙军
经销／新华书店
印刷／北京虎彩文化传播有限公司
开本／880毫米×1230毫米　32开　　　印张／7.625　字数／94千
版次／2023年12月第1版　　　　　　　2023年12月第1次印刷

中国法制出版社出版
书号 ISBN 978-7-5216-4099-1　　　　　　　　　　定价：75.00元

北京市西城区西便门西里甲16号西便门办公区
邮政编码：100053　　　　　　　　　　传真：010-63141600
网址：http://www.zgfzs.com　　　　　编辑部电话：010-63141781
市场营销部电话：010-63141612　　　　印务部电话：010-63141606

（如有印装质量问题，请与本社印务部联系。）